美国的应试教育
与社会分化

人生不平等

[美] 韦恩·欧 著 张凌 译

Wayne Au

UNEQUAL
BY DESIGN

High-Stakes Testing and the Standardization of Inequality

中国科学技术出版社
·北 京·

Unequal by design : high-stakes testing and the standardization of inequality, 2nd Edition.
ISBN:9780367437039
Copyright© 2023 Wayne Au
Authorized translation from the English language edition published by CRC Press, a member of the Taylor & Francis Group, LLC.Copies of this book sold without a Taylor & Francis sticker on the cover are unauthorized and illegal.
Simplified Chinese translation copyright © 2025 by China Science and Technology Press Co., Ltd.
All rights reserved.
北京市版权局著作权合同登记 图字：01-2024-2786

图书在版编目（CIP）数据

天生不平等：美国的应试教育与社会分化 /（美）
韦恩·欧著；张凌译 . -- 北京：中国科学技术出版社，
2025. 6. -- ISBN 978-7-5236-1167-8

Ⅰ . G649.712.2

中国国家版本馆 CIP 数据核字第 20249NJ943 号

策划编辑	刘颖洁　李芷珺	责任编辑	刘颖洁
封面设计	周伟伟	版式设计	蚂蚁设计
责任校对	焦　宁	责任印制	李晓霖

出　　版	中国科学技术出版社
发　　行	中国科学技术出版社有限公司
地　　址	北京市海淀区中关村南大街 16 号
邮　　编	100081
发行电话	010-62173865
传　　真	010-62173081
网　　址	http://www.cspbooks.com.cn

开　　本	880mm×1230mm　1/32
字　　数	165 千字
印　　张	8.25
版　　次	2025 年 6 月第 1 版
印　　次	2025 年 6 月第 1 次印刷
印　　刷	大厂回族自治县彩虹印刷有限公司
书　　号	ISBN 978-7-5236-1167-8 / G·1078
定　　价	69.00 元

（凡购买本社图书，如有缺页、倒页、脱页者，本社销售中心负责调换）

推荐序

　　在介绍韦恩·欧的这本佳作之前，我想先讲一个故事。几年前，我和一群四年级的学生一起做了一个电影制作／视频项目。当时，那所学校基本上已经处于"整改"状态。教育部门明确告知学校，必须提高学生在强制性标准化阅读和数学考试中的成绩，而成绩基本上是该地区衡量"成功"的唯一标准。当然，与此同时，教师评估结果也要和考试成绩挂钩。相关部门采取的附加措施导致学校预算被削减，合作规划时间被缩减，社区贫困程度因此加剧，但学区和州立法机构对考试成绩的要求毫不动摇。媒体持续关注着那些因一味强调成绩而造成的问题，但可以预见的结果是这些要求和措施愈发被全盘接受。

　　为了解决这个问题，和全国许多其他学校一样，我做项目的那所学校的教师和管理层都将注意力集中在数学和阅读这两个科目上，而不重视其他科目。他们加倍强调备考的重要性，对教师和教学的评价完全基于这些局限性很大的措施。与学生生活经历、文化和历史相关的社会批评性材料和内容被边缘化，"有时间的时候"就加一点相关内容（我和老师们让学生制作电影和视频的参与性和创造性课程整合合作项目之所以能够得以持续，完全有赖于老师们的敬业精神）。

那年年底，该校的阅读平均成绩确实有所提升，但根本问题并没有解决。我问了一些学生对阅读课的看法，他们中很大一部分人都说这门课"无聊""我不喜欢"，甚至还有"很糟糕"之类的评价。这些学生大多数在经济上处于边缘地位，他们对阅读课以及可以称为学校和社会的情感经济①的隐性课程②十分厌恶，这削弱了将阅读和标准化考试挂钩带来的所谓预期积极意义。在这个过程中，需要特别关注学校的课程、教学方法和评估系统所传达的信息与这些学生可能会经历的更广泛的有偿和无偿劳动力市场之间的联系。许多其他后果也同样需要被关注。

这只是一个很普通的故事，但它证明了考试与一系列后果之间存在着更多的影响因素。这就是韦恩·欧新版《天生不平等》的重要意义所在，它的核心关注点是帮助我们充分理解这些令人深感担忧的现实和后果，以及它们对主导经济、政治和意识形态关系的再生产有何重大影响。韦恩·欧提出

---

① 我们所处的这个时代，所有人最大的需求是精神与情感；而服务于人的情感的商业模式，统统属于情感经济。——译者注

② 隐性课程指的是学校的教学计划中未有明文规定、但通过教育经验间接产生的实践或影响，例如某种规范、信念和价值的传达。它可以发生在课堂或社会环境之中，而学生的休息时间也是隐性课程的重要组成部分。在批判性教育学中，隐性课程具有负面含义，因其通过课堂和社会地位之间的差异强化了现有的不平等。——译者注

的核心问题非常明确："高利害标准化考试在社会和教育不平等的（再）生产中发挥了什么作用？"要回答这个问题，我们需要关注许多其他问题，例如：标准化考试的历史及其与优生学的关系；教育的政治经济学以及考试、企业利润和私有化之间的关系；过分强调标准化考试对日常课堂及教师实践的影响；以及为什么某些知识被认为对当前和未来社会很重要或"合理"，而其他重要的知识、价值观和性格类型却被边缘化。

此外，本书还要求我们发出关于"缺席之所在"的疑问。也就是说，当高利害标准化考试成为学校教育的评价标准时，我们必须发出疑问：有什么缺位或不见了？未做之事与已做之事同样重要。

因此，为了认真对待韦恩·欧的问题，我们需要同样严肃认真地充分认识社会的方方面面。学术界有一些强大的批判性研究方法，可以对学校/社会关系展开有力的分析，包括对高利害标准化考试的显性和隐性社会影响进行深刻批判性研究。事实上，韦恩·欧在第一版《天生不平等》中就利用这些批判性研究方法中的部分重要手段来审视社会不平等的结构，有力地阐明了标准化考试的功能，堪称此类研究的典范。第二版在描述和解释这些关联方面更上了一层楼。

第二版更清晰地表明韦恩·欧是研究这些问题的最佳人选之一。之所以这样说，一是因为他是全国最有才华和最坚定的批判性教育者之一，撰写并编辑了大量富有洞察力的图书和文章，并和一群志同道合、致力于教育工作的人士深入合作，积极为批判性民主教育最重要的出版物之一《公共政策杂志》(*Rethinking Schools*)[①]撰稿；二是因为他在批判性理论和研究方面颇有建树，同时在政策、实践和民主政治／教育动员的务实政治问题上采取了实际行动，在试图厘清考试中的主导利害关系以及可以采取的措施时，他在多个层面上的成功和坚持正是我们所需要的。

在《教育能改变社会吗？》(*Can Education Change Society?*)一书中我详细介绍了教育领域的"批判学者／活动家"所面临的任务。其中最重要的一项是讲述真相，帮助人们了解社会中的支配和从属力量之间的关系，以及我们的教育政策和实践能以何种方式再现这些关系。第二版《天生不平等》无疑圆满地完成了这项任务。

说实话（或所谓的"见证消极性"）固然重要，但还不够，同时还需要认识到，看似矛盾的主导政策和做法往往会生成产生替代方案和新实践的条件，从而打造更具批判性的民主教育。在质疑对高利害标准化考试的过度依赖及其巨大影响力的民间运动中，情况确实如此。韦恩·欧在新版《天生不平等》的最后一章中，从政治、可能性和实践的角度详

[①] 同名出版商是全美知名的独立教育材料出版商，除这本杂志外，还出版教材，重点关注公平和社会正义问题，倡导城市公共学校、系统和政策的改革。——译者注

细讨论了挑战高利害标准化考试霸权的运动，在我们中许多人可能没有那么乐观的时候，为大家带来了希望。

韦恩·欧为了提高新版《天生不平等》的可读性煞费苦心。他想要解释清楚一些有关教育政策的批判性著述所讨论的问题到底是什么。这类著述通常要么艰涩难懂，与现实和教育工作者的实践没有紧密联系；要么因为太"受欢迎"而失去了政治影响力。韦恩·欧力求解决这个双重问题，努力做到既论述清晰，又能面向不同受众，同时又确保他在激情澎湃地讨论各种问题时，能够清晰地认识到相关政治和经济上的挑战。

在反思他的论点时，我们应该记住标准化考试和整个评估系统当然不是孤立的。相关政策和流程与算法和"大数据"日益增长的重要性密切相关，对学生毕业后是贡献社会还是锒铛入狱有着重要的影响，也是支持新的常识性政治体系的关键因素，这种体系中的公共机构和公务员经常和管理不善、效率低下、成本过高等评价联系在一起。针对这些问题，人们提出了一些常见的解决方案，包括私有化，以及将学校和许多其他社会部门与商业营利部门挂钩。新版《天生不平等》的另一个重要意义在于，即使这些"解决方案"没能得到充分探讨，它们也能提示我们需要认真考虑那些有危险后果的问题。

迈克尔·W. 艾普（Michael W. Apple）
威斯康星大学麦迪逊分校（University of Wisconsin Madison）
课程与教学系及教育政策研究荣誉教授

参考文献

Apple, M. W. (2013). *Can education change society? Routledge.*

Apple, M. W. (2014). *Official knowledge: Democratic education in a conservative age* (3rd ed.). Routledge.

Apple, M. W., & Au, W. (Eds.). (2015). *Critical education* (Vol. I – IV). Routledge.

Apple, M. W., Gandin, L. A., & Au, W. (Eds.). (2009). *The Routledge international handbook of critical education.* Routledge.

Au, W. (2011). *Critical curriculum studies: Education, consciousness, and the politics of knowing.* Routledge.

Burch, P. (2021). *Hidden markets: Public policy and the push to privatize education* (2nd ed.). Routledge.

Burch, P. (Ed.). (in press). *System failure.* Routledge.

Hursh, D., Duetermann, J., Chen, Z., & McGinnis, S. (2020). *Opting out: The story of the parents' grassroots movement to achieve whole-child public schools.* Myers Education Press.

Watson, D., Hagopian, J., & Au, W. (Eds.). (2018). *Teaching for black lives.* Rethinking Schools.

Wyatt–Smith, C., Lingard, B., & Heck, E. (2021). *Digital disruption in teaching and testing: Assessments, big data, and the transformation of schooling.* Routledge.

第二版前言

　　本书第一版诞生在一个非常特殊的背景之下，我个人和教育界都经历了很大变化。2003年，我入读威斯康星大学麦迪逊分校攻读博士学位，师从迈克尔·W.艾普博士。在此之前我曾在华盛顿州西雅图市和加利福尼亚州伯克利市公立高中任教七年，并在向上攀登（Upward Bound）① 及其他教育项目工作过几年。在我读博的前几年，国会通过了获得两党支持的《不让一个孩子掉队法案》（*No Child Left Behind Act*）②，教育界正在经历高利害标准化考试和其他基于市场的新自由

---

① 美国教育部的项目，为准备参加大学入学考试的学生提供基本支持，在大学预科学习和申请大学的过程中提供获得成功的机会。该项目服务对象为低收入家庭以及父母均未获得过学士学位的家庭的高中生。项目目标是提高此类受助学生完成中等教育以及被高等教育机构录取和毕业的比例。——译者注

② 该法案着力提升学生学业成就的总体水平，缩小不同地区、不同种族学生之间的差距，再次强调美国公立学校应不分地区、家庭背景和肤色之别，发展学生心智，培养学生品格，力争不让一个孩子掉队，最终实现高质量基础教育。为了实现上述目标，该法案采用标准化考试的质量监控方式，实行严格的评估与教育问责制，标志着美国当代以标准化考试为基础的学校改革时代的开端，是美国科学教育发展的一个重要里程碑。——译者注

主义改革的海啸，对公立学校和社会造成了巨大的冲击。读博之前我是一名教育活动人士，对教育政治学问题有敏锐的感知。我也知道，进入学术界就是进入了一个特权空间。因此，在选择论文题目的时候，我选择了高利害标准化考试。人们一直在忍受教育改革带来的冲击，我认为这个题目对此有着至关重要的核心意义。我想象着自己将通过批判性分析干掉高利害考试这个怪物。幸运的是（或者这其实是不幸的，我还不确定），我的判断是正确的：高利害标准化考试曾经（现在仍然）是我们的核心教育政策。当然，我的想象也太过天真。虽然我个人的研究有一定影响力，但它远远没有大到能屠高利害标准化考试之龙。

自 2009 年第一版出版以来，我学到了很多东西。例如，我得出了一个非常确凿的结论，即除非常个别的情况之外，我们国家的教育政策完全是由政治而非研究所驱动的。在谈到高利害考试时，人们执着的是它的理念、对它的常识性理解以及他们所感知到的高利害考试的利用价值、操作实践、带有浪漫色彩的传统及其实用效率，而这种考试所产生的影响及其在不同时代的客观现实背景却没有受到人们的关注。在美国，我们（泛指的"我们"）习惯了考试的存在，认为考试能准确反映情况。我们喜欢通过分数简化一切，让我们能够轻松地对教育做出评估，并在州、学校和教师之间进行比较。我们相信考试成绩能反映出一个人付出了多大的努力。在美国，对于为什么有的孩子成绩好、有的孩子成绩不好的问题，大家都有并未明言的想法，考试一方面证实了这些想法，一方面又让人们报以希望，认为"只要考试成绩提高了，就证明孩子们努力了，不存在不平等现象，一切安好"。可以说，尽管事实表明存在问题，但在美国，高利害标准化考试就是一剂神药，能解决我们在教育和经济（以及生活）中面临的问题，不是因为考试真的有此魔力，而是我们相信它有此魔力。当然，自第一版《天生不平等》出版以来，美国发生了很多变化。考试行业蓬勃发展，《不让一个孩子掉队法案》之后，美国又相继推出了"力争上游"（Race to the Top）计划①、《共同核心教育标准》（*Common Core State Standards*）②和《每个学生都成功法案》（*Every Student Succeeds Act*）③。大多数州都采用了《共同核心教育标准》，紧接着又采用了智能

① 奥巴马总统任职期间美国教育部推出的教育计划，拨款43.5亿美元，用于改革中小学及学前教育。只要各州提出提高学习成效的具体方法，且符合相关联邦教育政策规划方向，就有机会获得资助。——译者注
② 这是美国的一套教学标准，详细定义了K-12（幼儿园到高中）各个年级应该掌握的技能和知识。该标准最早由国家州长协会（National Governors Association，NGA）及各州学校官员理事会（Council of Chief State School Officers，CCSSO）发起，目的是在美国各州建立统一的教学标准，以确保高中毕业生能适应大学教育，或能顺利加入就业大军。——译者注
③ 这是2015年奥巴马总统签署的法案，旨在改进《不让一个孩子掉队法案》的缺失，降低联邦政府在教育中的作用，让教育回归州等地方，增加家长的选择。——译者注

平衡评价联盟（Smarter Balanced Assessment Consortium，SBAC）考试以及大学和职业评估伙伴关系（Partnership for Assessment of Readiness for College and Careers，PARCC）考试。我们发起了一场声势浩大的退出高利害标准化考试运动，参与主体主要有三类：自由派、民主党白人女性；右翼、反政府、基督教原教旨主义极端保守的白人女性；多种族、左派、反企业式教育改革活动人士。之后我们经历了新冠疫情，这几乎在一夜之间改变了教育的面貌，在此过程中暂时扼杀了标准化考试。（作者旁注：新冠疫情没能一劳永逸地屠掉高利害考试之龙，这一事实进一步证明，之前我对自己的工作所产生影响的认识过于天真。）

当然，自本书第一版出版以来，我个人也经历了许多变化。我现在是一名正教授，出版并编辑了许多其他图书、文章等。我与学者、教师、学生、家长和其他社会成员就高利害考试展开了深入探讨，在此过程中得到了成长，并深化了我对这些考试的分析。我曾受到过保守派的攻击，并与朋友、活动人士和教育问题突出的社区建立了联盟，美国和其他国家的同事也对我给予了极大认可。例如，希腊的同事和同道中人将第一版《天生不平等》翻译成了希腊文。来自其他国家、背景和历史迥异的人们在我的书中发现了价值，令我荣幸而惶恐。第一版出版后的这些年里，我也当上了父亲。人到中年，我成长了很多。可以这么说，写第二版的我与写第一版的我截然不同。我毫不担心在学术界确立地位的问题

（如果可能，我会告诉年轻时的自己一开始就无须担心），因此现在对说什么和怎样说都更加放松。需要明确的是，这并不是说我完全可以畅所欲言。所有批判性教育工作者在工作中都面临着真正的风险，我在个人生活和专业领域里都受到过攻击。我感到更加放松是因为比起写第一版时，我年长了一些，感觉自己变得聪明了一些，可能也就自由了一些。

所有这些变化意味着《天生不平等》的第二版与第一版大不相同。我重新编写了大部分章节，更新并新增了很多最新的研究，删减了一些我现在认为不必要的内容，并重新组织了一些想法。比如我在第一章中纠正了一个严重错误，我在第一版中分析学校和社会问题的再生产时，对鲍尔斯（Bowles）和金迪斯（Gintis）的观点做了错误的评价。我还完全删除了第一版中的两章，虽然第二版保留了这两章的一些核心内容和思想（它们也存在于其他已发表的著作中），但我觉得这两章太过学术化，所以替换了两章新内容，分别讨论了高利害考试和白人至上主义的问题，以及这些考试能评估什么，不能评估什么，并得出了新的结论，侧重于反考试激进主义以及如何构建更好的评估形式。我还调整了大部分的文字表述，（以期）降低专业性，提高可读性。读者对我来说非常重要，我希望这本书至少能更贴近更多的教师和家长读者，希望本书能为读者争取教育正义献上绵薄之力。

参考文献

Au, W. (2007). High-stakes testing and curricular control: A qualitative metasynthesis. *Educational Researcher*, 36(5), 258 - 267.

Au, W. (2008). Devising inequality: A Bernsteinian analysis of high-stakes testing and social reproduction in education. *British Journal of Sociology of Education*, 29(6), 639 - 651.

Au, W. (2011). Teaching under the new Taylorism: High-stakes testing and the standardization of the 21st century curriculum. *Journal of Curriculum Studies*, 43(1), 25 - 45. https://doi.org/10.1080/00220272.2010.521261.

Bowles, S., & Gintis, H. (1976). *Schooling in capitalist America: Educational reform and the contradictions of economic life* (1st ed.). Basic Books.

目 录
CONTENTS

1

第一章

历来不平等的
美国教育

高利害标准化考试的成绩非同寻常，几乎有一种神奇的特质，毫不费力地就为教育难题提供了简单易懂的答案。标准化考试得出的分数高度简化，以确凿可靠、纯粹具体的形式反映了课堂教学的效果，我们很容易为之所吸引。美国人痴迷于考试成绩，像关注股票涨跌一样关注考试分数的升降，或者更恰当地说，我们像紧追社交媒体上的流行趋势那样紧盯着分数。而且，我们对高利害标准化考试的作用深信不疑。

　　我们深信这样的考试可以解决问题。当身居高位的人就教育问题展开严肃讨论时，他们往往会提出通过高利害标准化考试来解决教育问题的重大政策，在做涉及种族、阶级和教育不平等的重要决策时尤其如此，但在残障和语言教育领域也是如此。下面这些说法能让我们窥见一斑：

- "教育是我们这个时代最大的民权问题。"——美国前总统乔治·W.布什，2002年
- "（学业成就差距）是我们这个时代的民权问题。"——美国前教育部长罗德·佩奇，2004年
- "教育是我们这一代人民权运动的主题。"——美国前

教育部长阿恩·邓肯，2010 年

- "教育是我们这个时代的民权问题。"——美国前总统奥巴马，2011 年
- "教育是我们这个时代的民权问题。"——美国总统唐纳德·特朗普，2017 年

除了演讲撰稿人惰于创新、老生常谈之外，以上说法中还有一个重要的关注点，即无论谁主白宫，何党执政，立场如何，近二十年来人们一直一致认为种族平等与教育之间存在着某种必然联系，有必要展开政策辩论，来推动国家采取行动。同样值得注意的一点是，针对这些关于教育和平等的高谈阔论，两党提出了相同的对策——设置更多的高利害标准化考试。无论是《不让一个孩子掉队法案》（下称 NCLB 法案）、"力争上游"计划（下称 RTTT 计划）和《共同核心教育标准》（下称 CCSS 标准），还是《每个学生都成功法案》（下称 ESS 法案），美国联邦教育政策一直将高利害标准化考试作为主要工具（也许"大棒"这个词更恰当）。通向种族平等之路看似是由高利害考试的魔力所铺就的。

我们之所以给高利害标准化考试赋予这些特殊属性，是因为在美国我们"痴迷于"学校、教育和学生这三个方面，也就是说我们会自欺欺人地认为这三方面与其他一切毫无关系。我们告诉学生，即使他们的住房不安全、肚子吃不饱，或者没有定期医疗、牙科和心理健康保健，都没有关系，只

要有"勇气"和"成长心态"就能在学校取得好成绩。我们对老师和学校说的也是类似的无稽之谈,有没有资源并不重要,有没有最先进的教育技术、优质课程、实验设备、乐器、美术用品、运动场、外语课、稳定的互联网、运动器材以及学校餐厅饮食是否营养安全都不重要,天花板漏水、饮用水含铅、管道还在用石棉包裹、玻璃窗和书桌都是破的也无关紧要,只要老师用心教学,方法运用得当,"像斗士一样上课"[①],学校和教师就可以和学生一样克服万难,教学有成。

当然,正如我在本书中详细论述的那样,我们知道这些说法根本就是"一派胡言"。尽管新冠疫情对世界各地的人来说都是灾难,但它在美国却起到了这样一个作用:过去许多人认为学校与社会之间存在着一道屏障,而疫情打破了这道屏障,让教育与社会和经济条件不相干的说法变得荒谬可笑。随着校门关闭,教学转向居家线上,一个现实突然摆在许多人面前,即社区和家庭的健康和福祉对学生的教育体验至关重要。事实上,工人阶级和有色人种家庭在疫情期间受到的冲击最大,他们迫于生存,不得不继续从事着高利害的"必要"工作,并且失业率很高,众多家庭为这些问题所困,这凸显了美国在提供医疗保健、就业机会和基本工资方面持续存在的结构性差异。不可否认的是,不论学生是居家学习还

[①] 同名著作《像斗士一样上课》(*Teach Like a Champion*),道格·乐莫夫(Doug Lemov)著,Jossey-Bass 出版社,2010 年。——译者注

是返校上课，他们在受教育的过程中同样也要应对这些问题。实际上，疫情让我们无法再自欺欺人地认为学生的学习条件与其家庭和社区的社会和经济条件之间毫无瓜葛。当然，疫情并没有阻止拜登政府继续要求各州开展标准化考试，因为我估计，考试比个人和社区健康更重要……不过这么说有点跑题了。

虽然一些人可能对疫情推倒了学校与社会之间的"屏障"感到意外，但几十年来，教育界的进步和批判学者始终认为学校与学校"之外"的社会问题一直紧密相关，而即使是这些学者可能也无法就这些关联的作用方式达成一致。学校与社会之间的这种关系，以及学校在维持或打破主导社会关系方面所扮演的角色正是本书所要探讨的核心内容，因为在本书中我自始至终地认为，标准化考试是不平等再生产的基础。因此，我们有必要重新审视教育理论中社会再生产的批判性观点。

批判性教育理论中的社会再生产

在过去一百年或更长的时间里，我们知道美国的学校一直在复制阶级、种族、国家、语言、文化、性别和其他方面的社会和经济关系。为了解释这一现象，批判性教育理论的许多早期研究都以某种形式借鉴了马克思主义分析的传统，从政治经济学的角度对学校教育进行了分析，解释了制度与资本主义不平等之间的紧密关系。马克思在《政治经济学批判》的前言中写道：

> 人们在自己生活的社会生产中发生一定的、必然的、不以他们的意志为转移的关系，即同他们的物质生产力的一定发展阶段相适合的生产关系。这些生产关系的总和构成社会的经济结构，即有法律的和政治的上层建筑竖立其上并有一定的社会意识形态与之相适应的现实基础。物质生活的生产方式制约着整个社会生活、政治生活和精神生活的过程。不是人们的意识决定人们的存在，相反，是人们的社会存在决定人们的意识。

这段话概述了马克思主义所说的基础／上层建筑模型，其中"法律和政治的上层建筑"产生于构成"社会的经济结构"基础的"生产关系"。马克思的表述已被从各种角度做过解释，对有兴趣了解社会、文化和制度不平等如何与资本主义经济关系相关的活动人士和学者很有帮助（不论是否有争议）。因此，批判性教育理论家一直在利用马克思的概念或一些相关的衍生概念，从经济不平等的角度来分析教育不平等。

鲍尔斯和金迪斯的著作《资本主义美国的学校教育》（ Schooling in Capitalist America ）对批判性教育学者有关学校与社会之间关系的辩论影响巨大。鲍尔斯和金迪斯在书中主张教育关系的"对应原则"（有时也称为"对应理论"），认为"学校教育主要通过学校和班级结构之间的对应关系来促进社会生产关系的再生产"。他们继而从理论上做了更详细的解释：

> 通过社会关系与生产关系之间的结构对应关系，教育系统能帮助青年融入经济体系……教育中的社会关系结构不仅能让学生适应工作场所的纪律，还能培养学生个人的举止特征、自我表现方式、自我形象和社会阶层的认同，这些都是工作能力的重要组成部分。具体而言，教育的社会关系——行政管理者与教师、教师与学生、学生与学生、学生与工作的关系——复制了等级分工。

尽管批判性教育理论家承认资本主义与学校里的不平等现象之间存在某种关系，但他们尖锐地批评了鲍尔斯和金迪斯的对应原则，认为这忽视了教师、文化和意识形态在学校中的作用，且过于机械和强调经济因素，忽视了学生和其他人对主导社会关系的抵制作用。阿诺特（Arnot）和威蒂（Whitty）说：

> 鲍尔斯和金迪斯提出的学校教育政治经济学……未能描述和解释课堂体验、学校内部的冲突和矛盾、学校与经济的差异和冲突。此外，它无法解释教师和学生对学校结构的各种反应——其中一些可能影响到了新一代年轻人成功社会化

的过程。

诚然，在我还是一名研究生时，我也认可对鲍尔斯和金迪斯的这些评论。在我发表的一些文章中，甚至给他们的"对应原则"加上了机械论和过度决定论的标签。直到后来我为撰写《马克思主义教育》（*A Marxist Education*）而重读他们的《资本主义美国的学校教育》一书时，我才意识到我和评论两位作者的大多数新马克思主义批评者一样，都对他们的分析产生了错误理解。例如，鲍尔斯和金迪斯在他们的介绍中非常清楚地解释了学校是产生对立和反抗资本主义的场所，他们写道：

虽然学校系统实际上服务于利润和政治稳定，但它算不上是社会主导群体所掌握的精心调校过的操纵工具。中小学和大学在合理化不平等方面确实发挥了推动作用，但它们也成了一些家长、教师和学生形成高度政治化的平等意识的场所。权威课堂确实能培养出温顺听话的员工，但也有格格不入的人和叛逆分子。大学培养精英的统治技能，但也催生了强大的激进运动和对资本主义社会的批判。美国的教育与外部社会一样矛盾复杂，任何简单化或机械化的理论都无法帮助我们对其产生充分的理解。

他们在后文中承认，"这些再生产机制已经失败，有时甚至是一败涂地"，并解释了"教育系统的内部动力"和"民众的反对"如何抵制了学校对资本主义关系的再生产。此外，鲍尔斯和金迪斯花了大量时间来讨论自由学校运动、平等教育和革命性改革的潜力，他们认为这些必须与推动社会变革的群众运动联系起来。鲍尔斯和金迪斯并不是我和许多人所认为的机械论的、决定论的理论家。①

尽管实情如此，新马克思主义者和其他人还是将《资本主义美国的学校教育》作为主要例子，来说明他们认为马克思主义教育分析存在机械论和决定论的缺陷，鲍尔斯和金迪斯的论点成为"稻草人谬误②，与之相比，对学校教育与社会之间的关系更微妙复杂的描述更胜一筹"。出于这一点和其他原因（包括反马克思主义的一些思想），新马克思主义者转向了葛兰西（Gramsci）的"霸权"概念和阿尔都塞（Althusser）

---

① 明确地说，《资本主义美国的学校教育》值得作评，但这是出于不同的理由。例如，他们完全没有分析资本主义教育背景下种族与教育不平等之间的相互作用。此外，尽管做了许多警告，但他们用智商测试分数作为论点的证据是（现在仍然是）完全倒退的，尤其是考虑到标准化智商测试的种族主义和阶级主义历史（第五章中有所讨论）。此外，鲍尔斯和金迪斯在研究学校生活时，缺乏如安荣（Anyon）对学校课程中经济学课的开创性研究中的那种细致入微。

② 如果对手的论点是稻草做的，打败它就很容易。稻草人谬误是指所攻击的并非对手本意，而是先对对手的论点进行曲解，再予反驳，就像在攻击一堆无生命也无害的稻草，或者一个容易打败、不能动的雕像一样。——译者注

的"相对自主性"概念，认为学校内的个人具有能动性和意识，能够调节和抵制通过制度再生产的主导社会关系，他们认为这是对他们所理解的决定论的一种纠正。

葛兰西是意大利共产主义者，人们认为他对霸权概念的表述最为详尽。他认为，现在较少直接使用武力来维持权力，而更多的是通过培养意识，让民众"自发同意"受精英支配。然而，这种同意往往依赖于向被支配者做出妥协，以维持支配者的合法性，即使这种妥协像一把"为许多群体遮风挡雨的大伞，它基本上仍然要服从支配群体的指导原则"。艾普在分析美国右翼如何成功上台时就用到了这些概念，选举期间右翼成功地将各保守派系联合起来，获得了多数票，并通过诉诸保守派和自由派的不满来推动保守主义教育改革。人们普遍认为是法国共产主义者和哲学家阿尔都塞提出了"相对自治性"的概念。在讨论经济基础与上层建筑的关系时，阿尔都塞得出了两个结论：①上层建筑相对基础具有"相对自主性"；②基础对上层建筑有"反作用"。批判性教育理论家采用的正是阿尔都塞的相对自主性概念。

例如，艾普就用了阿尔都塞的概念做出了以下解释：

政治和经济领域之间有动态相互作用，这种相互作用也存在于教育领域。虽然这种动态相互作用不能简单地用教育领域的问题来解释——并且像文化一样，它具有相当程度的相对自主性——但学校作为国家机器所扮演的角色与国家面临的积累和合法化的核心问题及生产方式密切相关。

相对自主性的概念在批判性教育者发展抵制理论时很有用，因为它既试图通过文化实践承认存在人为干预，又将学校视为有可能实现社会变革的相对自主的机构。虽然新马克思主义者对霸权和相对自主性这两个概念的使用在本质上并没有错，他们运用这些概念的方式也产生了重大影响，但具有讽刺意味的是，马克思主义从来都不像新马克思主义者所描述的那样是线性的、机械论的或决定论的。机械论分析和决定论分析违背了马克思的方法论，马克思和恩格斯也多次明确表明过这一点。马克思和恩格斯在《德意志意识形态》（*The German Ideology*）和《1848 年至 1850 年的法国阶级斗争》（*The Class Struggles in France, 1848—1850*）中为霸权的概念奠定了非常明确的基础，与葛兰西的概念完全一致。同样，马克思和恩格斯也非常明确地指出，国家和国家中的人相对资本主义生产具有相对自主性。例如，在给 J. 布洛赫（J. Bloch）的信中，恩格斯批评了对马克思主义的经济主义阐释，认为它破坏了"唯物主义历史观"，他在信中解释道：

根据唯物史观，历史过程中的决定性因素归根到底是现实生活的生产和再生产。无论马克思和我都从来没有肯定过比这更多的东西。如果有人在这里加以歪曲，说经济因素是唯一决定性因素，那么他就是把这个命题变成了毫无意义的、抽象的、荒诞无稽的空话。经济状况是基础，但是对历史斗争的进程发生影响并在许多情况下主要是决定着这一斗争形式的，还有上层建筑的各种因素：阶级斗争的各种政治形式和这个斗争的成果——宪法……各种法权形式……政治的、法律的和哲学的理论，宗教的观点以及它们向教义体系的进一步发展。这里表现出这一切因素相互作用，而在这种交互作用中归根到底是经济运动作为必然的东西通过无穷无尽的偶然事件向前发展。

马克思也有一句名言（至少左派人士如此认为），人们"自己创造自己的历史，但是他们并不是随心所欲地创造，并不是在他们自己选定的条件下创造，而是在直接碰到的、既定的、从过去继承下来的条件下创造"。恩格尔也有类似的观点，"在社会历史领域内……进行活动的，是具有意识、经过思虑或凭激情行动的、追求某种目的的（人）；任何事情的发生都不是没有自觉的意图，没有预期的目的"。事实上，在马克思主义的概念中，人类确实具有能动性，他们可以是而且现在就是历史的主体。重要的是，艾普等早期批判性新马克思主义学者认识到，"马克思本人对基础和上层建筑概念的运用一贯很复杂。我们发现了一种更具实质性的方式，而不需要'经济'生产其他一切的经济主义观点"。无论我们是在讨论新马克思主义对霸权和相对自主性概念的曲解，还是资本主义经济基础和上层建筑（包括学校）之间存在动态关系的真正的马克思主义分析，重点在于所有人都认识到人类有不同程度抵抗压迫的能动性，可以发展各种批判性意识的形式，能够采取行动改变世界。

为什么要给马克思主义和批判性教育理论这么多笔墨？

我在本章花了一些时间和篇幅来讨论批判性教育理论，同时也简要介绍了这一理论背后的一些关键的马克思主义概念（要明确的是，批判性理论非常广泛，不完全是马克思主义的理论，甚至还包含反马克思主义的理论）。为什么要费心在一本关于高利害考试和教育不平等的书中讨论这些激进的理论问题？是因为它为解释学校在社会中的矛盾角色提供了框架。学校通常会再现我们在社会和经济中看到的不公和不平等，我们知道这是事实。我们还知道，学校可以是，而且也确实是抵制这些不平等现象的场所，更是组织力量追求社会及经济正义的场所。鉴于这一现实，我希望有一个能够同时容纳这些矛盾过程的理解框架。而我认为马克思主义辩证唯物主义最适合用来研究矛盾问题。

马克思主义可以帮助我们理解，作为上层建筑的一部分，学校与资本主义生产关系至少可以有部分矛盾的联系。正如弗里策尔（Fritzell）所解释的那样：

可以说，在功能性背景下，国家自主性本质上是指一种潜力，因为即使在发达资本主义的经验条件下，国家也不能长期执行对经济生产的商品形式大体上具有破坏性的政策和干预措施。

弗里策尔将国家地位的根本矛盾归结于这样一个事实，即国家基本上处于商品生产过程之外，"独立于商品形式"，但资本主义仍然需要它来支持这些商品的生产，因此"不能……执行……大体上对商品形态具有破坏性的政策"。就资本主义生产和社会再生产而言，国家必须解决这一内在矛盾。学校代表国家上层建筑，要实现在根本上存在矛盾的目标，它既要再生产资本主义生产的社会和物质关系，又要通过在教育和社会精英制度下诉诸个人平等，霸权式地争取学生/工人的"自发同意"。那么，这对资本主义社会的学校教育意味着什么呢？这意味着，虽然学校在社会不平等再生产方面发挥着关键作用，但它们在融入社会和社会平等意识形态方面的矛盾作用也让抵制这种再生产成为可能。学生确实在许多层面上抵制着学校教育的社会编程①，而教师作为教育政治经济中的劳动者，也抵制在他们的课堂和学校中再生产不公平

———————

① 社会编程是训练社会中的个人以社会和社会群体普遍认可的方式做出反应的社会学过程。两种最常用的社会编程机制包括奖惩和重复相同的原则/信息。——译者注

的资本主义社会关系。

为了解释学校教育的矛盾过程，我在本书中使用"（再）生产"一词来构建我对高利害标准化考试和社会经济不平等之间关系的分析。对这个术语我有非常具体的用途。在宏观层面上，我们将社会经济不平等的"再生产"视为美国教育体系的一种经验现象。然而，在更个体的层面上，学校场地和每个教室实际上是作为"生产"的竞争场所而存在的。当然，霸权、种族、阶级、性别、父权、政治和文化的规范及关系是通过政策、教学法、课程、人际动态和一系列微观层面上的相互作用和结构过程在学校里和课堂上每时、每天、每月、每年不断产生的。然而，我们也知道，单个教室和学校可以在关爱学生、学校教职工和社区的同时培养批判意识，构建批判社会行动，成为产生正义的场所。在这方面，"（再）生产"指出了资本主义体制下学校教育角色的混乱，它绝不否认结构性不平等有时会对学校的日常产生巨大影响，但也承认学校也可能成为产生对抗的场所，产生平等的同时也在产生不平等。（再）生产意味着生产和再生产同时发生，是相互矛盾、动态变化、相互作用、流动和相关的两个过程，没有线性、机械、一对一的因果或对应关系。从这个意义上说，通过使用（再）生产这个词，我试图抓住我认为存在于学校内部以及学校与社会经济结构之间的辩证关系。本书的中心问题就变成了"高利害标准化考试在社会和教育不平等的（再）生产中的作用是什么"。在开始讨论之前，我认为有必要解释清楚在本书中所要用到的一些有关"高利害标准化考试"的概念及其用途等术语。

高利害标准化考试的一些基本知识

以下是关于标准化考试的一些基本知识，主要来自波帕姆（Popham）和麦克尼尔（McNeil）的著作：

- 考试只是一种试图评估或衡量学生所学内容的评估方式。

- 每个考试只是抽查所教或所学内容。没有任何考试可以评估任何一门课程所教授或学习的所有内容。评估的一个核心理念是评估样本，然后以此推断整体学习情况。

- 有不同种类的评估，衡量不同类型的对象。有些专注评估识记情况，有些专注评估一个人完成任务的能力。例如，考驾证通常一方面要考察规则、标志等是否记得牢固；另一方面要看实际驾驶车辆的表现。一些考试侧重逻辑，一些则关注一个人的综合观点及就此撰文或辩论的能力。

- 考试有特定用途。例如，我们在教育领域熟悉的大多数考试通常旨在评估学生在过去一段时间里所学的内容（课堂上涵盖的内容）。我们认为有些考试应该可以起到预测的作用。例如，SAT 大学入学考试应该可以预测学生在大学的表现。

- 当学生在相同条件下（或尽可能相似的条件）相同时间内接受相同内容的考试时，这种考试就称为"标准化"考试。正如我稍后将要展开讨论的那样，标准化的主要目的是试图让我们能在学生、教师、学校之间进行比较。

- 在 K-12 教育中通常会看到两种主要的标准化考试——"常模参照"或"标准参照"考试。从基本上来说，这两种考试的不同之处只在于这些考试所比较的特定内容。常模参照考试旨在对学生个体进行比较，就是看每个学生与其他学生用"常模"相比如何。标准参照考试旨在评估学生考试结果与课程内容或达标要求相比表现如何。

- 当标准化考试的分数被用来对学生的教育路径（例如毕业、升学、教育轨迹）或学校经费、教师或校长薪酬和员工绩效等其他方面做出重要决定时，标准化考试就变成了"高利害"考试。如果成绩会向公众公布，标准化考试也会被视为"高利害"考试，可能会影响学生、教师和学校的声誉。

我在本书中会交替使用"高利害考试"、"高利害标准化考试"、"标准化考试"和"考试"这些术语。

本书内容

在本书第一章中，我探讨了学校与社会之间的关系，还总结了批判性教育理论家（包括我自己）对这种关系的理解，主要是为本书的整体框架奠定理论基础。在本书的其余章节，我将通过对高利害考试与教育不平等之间关系的一系列批判性分析来揭开高利害标准化考试的神秘面纱。在第二章"考试与新自由主义教育事业"中，我将概述高利害标准化考试的现代历史，重点关注它在基于新自由主义经济学模型的教育政策中如何被当作工具来使用。在这一章里，我还将讨论教育企业和主要基金会节节攀升的影响力和暴利，以及新中产阶层日益增强的力量。在第三章"标准化考试和资本主义学校教育的生产"中，我将考察美国标准化考试的起源、其与优生学运动的联系，以及资本主义生产模式在我们公共教育体系中的制度化如何预兆了后来兴起的新自由主义教育政策。第四章"考试的麻烦"将分析标准化考试的逻辑，凸显通过标准化考试做高利害决策的许多技术问题，讨论与学习本身无关的考试分数的各种相关性及考试如何被用来控制教学和学习。在第五章"高利害考试和白人至上主义"中，我将回顾前几章所提出的几个论点，以详细说明高利害标准化考试如何最终沦为美国维持白人至上的工具。在这一章中我将研究考试的精英意识形态，以及考试如何被用来隐藏结构性种族主义，讨论将触及在美国开始推广标准化考试时，优

生学和种族主义之间有何交集，追溯 SAT 的历史，以展示高
利害考试如何一直对白人有利，提出当今考试中白人至上主
义影响的证据，探讨高利害考试如何构建了以身体健全的白
人为中心的规范，并直接促成了从学校到监狱通道的形成，
最后将论证考试的基础从根本上来说是以欧洲为中心的知识
观。在最后一章"为了正义夺回评估"中，我将回顾抵制高
利害标准化考试的运动，讨论钟形曲线固有的不平等性，并
展望未来更具解放性的评估方式的内容与形式。

作者的位置性 ①

我还想在这里花点时间概述一下本书作者的位置性。作
为一名批判性教育理论家、活动家、学者，我认为这种定位
很重要，因为和其他书一样，这本书在一定程度上受到了我
的个人经历、政治理念、信念、经验和世界观的影响。我来
自美国华裔家庭，家族有激进左派的传统。我的美籍华人祖
父和父亲都积极主张马克思主义的革命政治。这在不同程度
上意味着我是在激进主义和批判资本主义的环境中长大的，
反压迫的语言在年幼之时就进入了我的词汇表。例如，8 岁

① 位置性：在种族、阶级、性别、性取向以及能力等状态中，创造身
份的社会与政治背景。位置性还描述了一个人的身份如何影响其对
世界的理解与看法，以及潜在的偏见。——译者注

时我就参加了 1980 年西雅图市中心的五一劳动节示威活动，
13 岁时参加了伯克利电报大道的反种族隔离示威活动，并对
这些经历记忆犹新。在参加这些活动的过程中，我见证了许
多关于种族主义、帝国主义、阶级剥削和妇女压迫等的长谈
（对于一个青少年来说有时觉得太漫长了），耳濡目染了各种
言论。这些经历帮助我形成了为社会变革而努力的内在驱动
力，并促使我决定做一名公立高中教师。我的个人身份还包
括顺性别 ① 男性、父亲和伴侣，努力在这个世界上小有所成。
事实上，为人父确实让我学到了很多与儿童和成长相关的知
识，也让我明白了在养育儿子及儿子自身意识形成的过程中，
将政治理念转化为实践的意义。

  在城市教育领域工作了十一年后，我开始了学术研究。
在工作的那十一年中，我一直关注着有关学校、经济、文化
和社会的批判性分析，其中超过一半的时间都在为 RTTT 计
划的学生提供支持，这是一个服务于低收入家庭中即将上大
学的第一代高中生的项目。我参与的两个项目为普吉特海湾
（Puget Sound）地区的大量工人阶级非裔美国人、美洲原住
民、亚裔美国人和白人学生提供服务。RTTT 计划以及参与
计划的那些了不起的孩子们帮助我找到了人生方向，让我立

---

① 顺性别是跨性别的反义词，是为了和跨性别者区分而创造出来
  的词，指对自己的生理特征和生理性别完全接受，甚至喜爱的
  人。——译者注

志成为一名教师。因此在获得相关资历后，我在西雅图和伯克利做了七年老师，教授高中社会研究和英语课。在西雅图，我大部分时间都在一所小型的另类"辍学生"公立学校任教，同时负责一些管理工作，而我在伯克利工作期间是在一所声名狼藉且经常被作为研究对象的伯克利高中任教（在那里，除了教授一般课程外，我还有幸上了种族研究和亚裔美国人研究课）。和许多人一样，我去公立学校系统工作是为了帮助那些有困难的学生，而我有动力做研究，也主要是因为我想了解学校和社会是如何导致这些学生困难重重的。

由于我对社会正义问题的关注，我的教学与教育行动主义活动是同步进行的，这首先体现在我为进步教育杂志《公共政策杂志》撰写的文章中（我曾多年担任该杂志的编辑）。同样，正是通过该杂志，我了解到了现已解散的全国教育活动家联盟（NCEA），并与之建立了联系，在那里我曾担任指导委员会成员和联合主席。公共政策办公室和 NCEA（在没解散之前）这两个组织的成员个个尽心尽力，一丝不苟，都是通过教育、学校和社区以及这两个组织为社会正义而奋斗的人，为我在该领域的政治工作提供了总体方向。在我工作的城市，我是普吉特海湾公共政策小组的联合创始人，并参与其相关工作，该小组是西雅图地区组织教育改革的教师群体。我还是加利福尼亚州"受教育而不是被监禁"协会（Education Not Incarceration）的联合创始人，其成员包括湾区教师、社区活动人士和青年组织者，他们非常质疑加利福尼亚州将监狱支出优先于教育投资的做法。

我的学术工作源自这些政治承诺和经历。自 2007 年从威斯康星大学麦迪逊分校获得博士学位以来，我先是在加州州立大学富勒顿分校（California State University Fullerton）任教，然后又去了华盛顿博塞尔大学（University of Washington Bothell）任教，现在我是该校教育研究学院的正教授（并且在大学担任了三年的多元化和公平事务负责人）。与此同时，我成为一名知名的批判学者，撰写并合著了很多图书和文章，编辑并合作编辑了大量学术著作，并参与谈论与多元文化教育、反种族主义教育、高利害考试、K-12 种族研究、批判性教育理论、特许学校、课程研究、教育组织和激进教育理论相关的问题。这些工作是与国内及中国、希腊、印度和智利的一些小学以及高中学生、教师、家长和学者一起合作完成的。通过合作，我的一些著述被翻译成了中文、日文、希腊语和西班牙语。至少对我来说，重要的是我一直在努力工作，这既能让我与时俱进，持续关注争取教育正义的积极斗争，又能利用我的专业知识和声誉来支持教育活动家，这方面的工作包括积极参与地方和国家激进主义项目，组织起来反对高利害考试、反对特许学校、支持学校中"黑人的命也是命"（Black Lives Matter）的维权活动、支持多元文化教育，以及 K-12 教育中的种族研究。归根结底，我的工作的全部意义就是要确保我与斗争中的人们并肩作战，并希望我的加入能为争取正义的斗争添砖加瓦。

最后，我要回顾一下本书第一版。

我记得第一次见到杰西·哈戈皮安（Jesse Hagopian）时（他的书和文章还没有发表，还没有蜚声全国），他在西雅图的公立学校任教，是教师工会中非常积极的组织者，而且一直在就学校拨款和其他教育问题公开表明立场。我们俩都是激进的教育者和组织者，教的学生年龄段相仿，所以经常会一起聊聊，谈论政治，并在有机会的时候一起合作。然后在2012 至 2013 学年的那个冬天，他在他任教的学校协助组织教师抵制应由该校负责的 MAP 考试①（详见第六章）。这一行动在当地乃至全国范围内爆发，并推动了一场全国性退出高利害考试的大规模运动。通过这些运动以及一些其他活动，杰西和我成了亲密战友和朋友。从个人角度而言，最让我感动的是杰西从一开始就经常说第一版《天生不平等》（他在我们认识之前就看过）对他对高利害标准化考试的看法产生了重要影响，直接推动了他所组织的抵制加菲尔德高中（Garfield）MAP 考试的运动。这给我带来了极大的快乐，因为这正是我进行研究以及撰写《天生不平等》的初衷，那就是为教育正义的斗争做出贡献。

---

① 全名 Measures of Academic Progress（学业成长评估测验），是由美国开发出来的一套计算机适性测验，最大的特色是可以依照每位测验者的程度，由计算机自动生成对应难度的题目，在美国被广泛使用，也常在国际学校中看到。——译者注

参考文献

Allman, P. (2001). *Critical education against global capitalism: Karl Marx and revolutionary critical education* (1st ed.). Bergin & Garvey.

Althusser, L. (1971). *Lenin and philosophy and other essays* (B. Brewster, Trans.). Monthly Review Books.

Alvarez, B. (2020, April 4). COVID-19 and the impact on communities of color. *NEA News*. https://www.nea.org/advocating-for-change/new-from-nea/covid-19-and-impactcommunities-color.

Amrein-Beardsley, A. (2014). *Rethinking value-added models in education: Critical perspectives on tests and assessment-based accountability.* Routledge.

Anyon, J. (1980). Social class and the hidden curriculum of work. *Journal of Education*, 162(1), 67-92.

Anyon, J. (1981). Social class and school knowledge. *Curriculum Inquiry*, 11(1), 3-42.

Anyon, J. (2005). *Radical possibilities: Public policy, urban education, and a new social movement.* Routledge.

Apple, M. W. (1980). The other side of the hidden curriculum: Correspondence theories and the labor process. *Interchange*, 11(3), 5-22.

Apple, M. W. (1981). Reproduction, contestation, and curriculum: An essay in self-criticism. *Interchange*, 12(2-3), 27-47.

Apple, M. W. (1982). Reproduction and contradiction in education: An introduction. In M. W. Apple (Ed.), *Cultural and economic reproduction in education: Essays on class, ideology and the State* (1st ed., pp. 1-31). Routledge & Kegan Paul.

Apple, M. W. (1995). *Education and power* (2nd ed.). Routledge.

Apple, M. W. (2006). *Educating the "right" way: Markets, standards, god, and inequality* (2nd ed.). RoutledgeFalmer.

Apple, M. W. (2012). *Can education change society?* Routledge.

Apple, M. W. (2014). *Official knowledge: Democratic education in a conservative age* (3rd ed.). Routledge.

Apple, M. W., & Au, W. (2015). General introduction. In M. W. Apple & W. Au (Eds.), *Critical education* (Vol. 1, pp. 1–28). Routledge.

Apple, M. W., & Buras, K. L. (Eds.). (2006). *The subaltern speak: Curriculum, power, and educational struggles.* Routledge.

Arnot, M., & Whitty, G. (1982). From reproduction to transformation: Recent radical perspectives on the curriculum from the USA. *British Journal of Sociology of Education*, 3(1), 93–103.

Au, W. (2006). Against economic determinism: Revisiting the roots of neo–Marxism in critical educational theory. *Journal for Critical Education Policy Studies*, 4(2). http://www. jceps.com/archives/520.

Au, W. (2008). Defending dialectics: Rethinking the neo–Marxist turn in critical education theory. In S. Macrine, P. McLaren, & D. Hill (Eds.), *Organizing pedagogy: Educating for social justice and socialism.* Routledge.

Au, W. (2013). Proud to be a Garfield bulldog. *Rethinking Schools Blog.* http://rethinkingschoolsblog. wordpress.com/2013/01/12/proud–to–be–a–garfield–bulldog/.

Au, W. (2018). *A Marxist education: Learning to change the world.* Haymarket Books.

Au, W. (2021a). A pedagogy of insurgency: Teaching and organizing for radical racial justice in our schools. *Educational Studies*, 1–15. https://doi. org/10.1080/00131946. 2021.1878181.

Au, W. (2021b, March 16). The futility of standardized testing in a crazy pandemic year. *The Washington Post.* https://www.washingtonpost.com/ education/2021/03/16/futility–standardized–testing–crazy–pandemic–year/.

Au, W., & Apple, M. W. (2009). Rethinking reproduction: Neo–Marxism in critical educational theory. In M. W. Apple, W. Au, & L. A. Gandin (Eds.), *The Routledge handbook of critical education* (pp. 83–95). Routledge.

Au, W., Brown, A. L., & Calderon, D. (2016). *Reclaiming the multicultural roots of U.S. curriculum: Communities of color and official knowledge in education.* Teachers College Press.

Au, W., & Hagopian, J. (2017). How one elementary school sparked a citywide movement to make black students' lives matter. *Rethinking Schools*, 32(1), 11–18.

Betancourt, J. R. (2020, October 22). Communities of color devastated by COVID-19: Shifting the narrative. *Harvard Health Blog*. https://www.health. harvard.edu/blog/communities-of-color-devastated-by-covid-19-shifting-the-narrative-2020102221201.

Bourdieu, P., & Passeron, J. (1977). *Reproduction in education, society, and culture*. Sage.

Bowles, S., & Gintis, H. (1976). *Schooling in capitalist America: Educational reform and the contradictions of economic life* (1st ed.). Basic Books.

Carlson, D. L. (1988). Beyond the reproductive theory of teaching. In M. Cole (Ed.), *Bowles and Gintis revisited: Correspondence and contradiction in educational theory* (pp. 158–173). The Falmer Press.

Carnoy, M. (1982). Education, economy, and the State. In M. W. Apple (Ed.), *Cultural and economic reproduction in education: Essays on class, ideology and the state* (pp. 79–126). Routledge & Kegan Paul.

CNN. (2002, January 19). Bush calls education "civil rights issue of our time." *CNN.Com/Insidepolitics*. http://edition.cnn.com/2002/ALLPOLITICS/01/19/bush.democrats. radio/.

Cole, M. (Ed.). (1988). *Bowles and Gintis revisited: Correspondence and contradiction in educational theory* (1st ed.). The Falmer Press.

Cooper, H. (2011, April 6). Obama takes aim at inequality in education. *The New York Times*. http://www.nytimes.com/2011/04/07/us/politics/07obama.html.

Crocco, M. S., Munro, P., & Weiler, K. (1999). *Pedagogies of resistance: Women educator activists, 1880–1960*. Teachers College Press.

Dance, J. L. (2002). *Tough fronts: The impact of street culture on schooling* (1st ed.). RoutledgeFalmer.

De Lissovoy, N. (2022). *Capitalism, pedagogy, and the politics of being*. Bloomsbury Academic.

Duncan, A. (2010, July 14). *Equity and education reform: Secretary Arne Duncan's remarks at the annual meeting of the national association for the advancement of colored people (NAACP)* [Archive]. U.S. Department of

Education. http://www.ed.gov/news/speeches/equityand–education–reform–secretary–arne–duncans–remarks–annual–meeting–nationalassociation–advancement–colored–people–naacp.

Engels, F. (1968a). Engels to J. Bloch in Konigsberg. In *Karl Marx & Frederick Engels: Their selected works* (pp. 692–693). International Publishers.

Engels, F. (1968b). Ludwig Feuerbach and the end of classical German philosophy. In I. Publishers (Ed.), *Karl Marx & Frederick Engels selected works* (pp. 596–618). International Publishers.

Feinberg, C. (2004, April 29). Rod Paige offers high praise for no child left behind: Education secretary marks 50th anniversary of Brown decision with Kennedy school keynote address. *Harvard University Gazette*. https://news.harvard.edu/gazette/story/2004/04/rod–paige–offers–high–praise–for–no–child–left–behind/.

Frankfurt, H. G. (2006). *On bullshit*. Princeton University Press.

Freire, P. (1974). *Pedagogy of the oppressed* (M. B. Ramos, Trans.). Seabury Press.

Fritzell, C. (1987). On the concept of relative autonomy in educational theory. *British Journal of Sociology of Education*, 8(1), 23–35.

Giroux, H. A. (1980). Beyond the correspondence theory: Notes on the dynamics of educational reproduction and transformation. *Curriculum Inquiry*, 10(3), 225–247.

Giroux, H. A. (1983). Ideology and agency in the process of schooling. *Journal of Education*, 165(1), 12–34.

Giroux, H. A. (2003). Public pedagogy and the politics of resistance: Notes on a critical theory of educational struggle. *Educational Philosophy and Theory*, 35(1), 5–16.

Gottesman, I. (2016). *The critical turn in education: From Marxist critique to poststructuralist feminism to critical theories of race*. Routledge.

Gramsci, A. (1971). *Selections from the prison notebooks* (Q. Hoare, Trans.). International Publishers.

Hagopian, J. (Ed.). (2014a). *More than a score: The new uprising against high-stakes testing*. Haymarket Books.

Hagopian, J. (2014b). Seattle test boycott: Our destination is not on the MAP. *Rethinking Schools*, *27*(3). http://www.rethinkingschools.org/archive/27_03/27_03_hagopian.shtml.

Halper, D. (2017, March 3). Trump calls education "civil rights issue of our time" during school visit. *New York Post*. http://nypost.com/2017/03/03/trump–calls–education–civil–rights–issue–of–our–time–during–school–visit/.

Hanushek, E. A. (2016). What matters for student achievement: Updating Coleman on the influence of families and schools. *Education Next*, *16*(2). https://www.edweek.org/leadership/opinion–grit–is–in–our–dna–why–teaching–grit–is–inherently–anti–black/2019/02.

Hargreaves, A. (1982). Resistance and relative autonomy theories: Problems of distortion and incoherence in recent Marxist analyses of education. *British Journal of Sociology of Education*, *3*(2), 107–126.

Hunter, R. C., & Bartee, R. (2003). The achievement gap: Issues of competition, class, and race. *Education and Urban Society*, *35*(2), 151–160.

Jones, D., & Hagopian, J. (Eds.). (2020). *Black lives matter at school: An uprising for educational justice*. Haymarket Books.

Karp, S. (2003). Let them eat tests: NCLB and federal education policy. In L. Christensen & S. Karp (Eds.), *Rethinking school reform* (pp. 199–213). Rethinking Schools.

Karp, S. (2012). School reform we can't believe in. *Rethinking Schools*, *24*(3). http://www. rethinkingschools.org/restrict.asp?path=archive/24_03/24_03_NCLBstan.shtml.

Karp, S. (2013, September 21). *The trouble with the common core*. Lewis & Clark Center for Community Engagement Oregon Writing Project.

Karp, S. (2016). ESSA: NCLB repackaged. *Rethinking Schools*, *30*(3). http://www.rethinkingschools. org/archive/30_03/30–3_karp.shtml.

Ladson–Billings, G. (2006). From the achievement gap to the education debt: Understanding achievement in U.S. schools. *Educational Researcher*, *35*(7), 3–12.

Lemov, D. (2010). *Teach like a champion: 49 techniques that put students* on the path to college. Jossey-Bass.

Love, B. (2019a). *We want to do more than survive: Abolitionist teaching and the pursuit of educational freedom*. Beacon Press.

Love, B. (2019b, February 12). "Grit is in our DNA": Why teaching grit is inherently anti-black. *Education Week*. https://www.edweek.org/leadership/opinion-grit-is-inour-dna-why-teaching-grit-is-inherently-anti-black/2019/02

Marx, K. (1968a). Preface to a contribution to the critique of political economy. In *Karl Marx & Frederick Engels: Their selected works* (pp. 181-185). International Publishers.

Marx, K. (1968b). The eighteenth brumaire of Louis Bonaparte. In *Karl Marx & Frederick Engels: Their selected works* (pp. 95-180). International Publishers.

Marx, K. (1978). The class struggles in France, 1848-1850. In R. C. Tucker (Ed.), *The Marx-Engels reader* (2nd ed., pp. 586-593). W. W. Norton and Company Ltd.

Marx, K., & Engels, F. (1978). The German ideology: Part I. In R. C. Tucker (Ed.), *The Marx-Engels reader* (pp. 146-200). W.W. Norton & Company.

McLaren, P., & Farahmandpur, R. (2005). *Teaching against global capitalism and the new imperialism: A critical pedagogy*. Rowman and Littlefield Publishers.

McLaren, P., & Jaramillo, N. E. (2010). Not neo-Marxist, not post-Marxist, not Marxian, not autonomist Marxism: Reflections on a revolutionary (Marxist) critical pedagogy. *Cultural Studies: Critical Methodologies*, 10(3), 251-262. https://doi. org/10.1177/1532708609354317.

McNeil, L. M. (1986). *Contradictions of control: School structure and school knowledge*. Routledge & Kegan Paul.

McNeil, L. M. (2000). *Contradictions of school reform: Educational costs of standardized testing*. Routledge.

Ollman, B. (2003). *Dance of the dialectic: Steps in Marx's method* (1st ed.). University of Illinois Press.

Orfield, G., & Wald, J. (2000). Testing, testing: The high-stakes testing mania hurts poor and minority students the most. *The Nation, 270*(22), 38–40.

Pedroni, T. C. (2007). *Market movements: African American involvement in school voucher reform.* Routledge.

Picower, B. (2012). *Practice what you teach: Social justice education in the classroom and the streets.* Routledge.

Popham, W. J. (2001). *The truth about testing: An educator's call to action.* Association for Supervision and Curriculum Development (ASCD).

Rikowski, G. (2005). *The importance of being a radical educator in capitalism today* (p. 40). Institute for Education Policy Studies, the independent Radical left Education Policy Unit. http://www.ieps.org.uk.cwc.net/rikowski2005a.pdf.

Sarup, M. (1978). *Marxism and education.* Routledge & Kegan Paul.

Sharp, R. (1980). *Knowledge, ideology, and the politics of schooling: Towards a Marxist analysis of education.* Routledge & Kegan Paul.

Sirin, S. R. (2005). Socioeconomic status and student achievement: A meta-analytic review of research. *Review of Educational Research, 75*(3), 417–453.

Vygotsky, L. S. (1987). Thinking and speech. In R. W. Rieber & A. Carton (Eds.), & N. Minick (Trans.), *The collected works of L.S. Vygotsky: Problems of general psychology including the volume thinking and speech* (Vol. 1, pp. 37–285). Plenum Press.

Watson, D., Hagopian, J., & Au, W. (Eds.). (2018). *Teaching for black lives.* Rethinking Schools, Ltd.

Willis, P. (1977). *Learning to labor: How working class kids get working class jobs.* Columbia University Press.

Yee, A. (2021, March 2). It's a myth that Asian-Americans are doing well in the pandemic. *Scientific American.* https://www.scientificamerican.com/article/its-a-myththat-asian-americans-are-doing-well-in-the-pandemic/.

Young, G. (2021, June 30). Why growth mindset theory fails children. *Psychology Today.* https://www.psychologytoday.com/us/blog/shrink-mindset/202106/why-growthmindset-theory-fails-children.

2

考试与新自由主义教育事业

高利害考试似乎无处不在，而且理由充分。在撰写本书时，NCLB 法案已颁布了 20 年，该法案开创了美国联邦政府强制要求的高利害标准化考试时代。来看一下这个粗略的计算：在 NCLB 法案颁布以来的 20 年里，平均每年有 4977 万名学生在 K-12 公立学校就读，或平均每年每个年级有 380 万名学生。也就是说，除了在 NCLB 法案实施第一年入学的 4977 万名学生之外，此后平均每年有 380 万新生进入公立学校系统。我们来计算一下：380 万名新生 × 20（年）=7600 万名新生。再加上 2002 年入学的 4977 万名学生，公立学校系统中受高利害考试影响的学生总数为 1.2577 亿。这也意味着，从 2013 年开始，美国的公共教育系统每届毕业生所受的教育主要都是围绕高利害标准化考试而展开的。

参加考试的学生多，考试也多。根据大城市学校委员会（Council of Great City Schools）对 66 个学区的研究，在 2014 至 2015 学年，从幼儿园到十二年级的学生平均参加了 112.3 次标准化考试。同一项研究发现，在 66 个学区进行了 401 次不同考试，大多数学生平均每年要参加 8 次标准化考试。另一项在 2013 至 2014 学年对 14 个主要城市学区进行的研究发现，学生平均每月就要接受一次标准化考试，甚至有些学生每月要参加两次标准化考试。

此外，研究发现三至八年级的学生平均每年要参加 10 次考试，一些学生甚至一年要参加多达 20 次的标准化考试。这些考试已经渗透到各个年级，在 K-12 教育过程中无处不在。过去 20 年的大部分时间里，每年有超过一亿名学生参加大约 100 次的标准化考试。我们确实创造了一个考试世代。然而，我们是怎么变成这样的？答案存在于现代教育政策的历史、政治和意识形态中，而这都始于全美促进教育委员会（National Commission on Excellence in Education）的一份报告——《处于危险中的国家：教育改革势在必行》（*A Nation At Risk：The Imperative for Education Reform*）。

当代高利害考试的诞生

大多数人认为，《处于危险中的国家：教育改革势在必行》的发布标志着现代高利害标准化教育考试的开始。里根政府发布的这份报告对许多与 1965 年《初等和中等教育法案》（*Elementary and Secondary Education Act*）相关的提倡公平的改革做出了批评，并描绘了一幅当时美国公共教育特别令人沮丧的图景。报告在开篇就断言：

我们社会的教育基础目前正被日益上升的平庸大潮所侵

蚀，对我们国家和人民的未来构成了威胁。一代人以前还无法想象的事情已经开始发生，那就是别国正在赶超我们的教育水平。

该报告给整个教育体系贴上了平庸和不合格的标签，同时断言其他国家在"教育成就"方面已经超过了美国。据该报告的说法，受教育程度下降的教育危机已经构成了国家安全威胁，其影响赫然耸现：

如果一个不友好的外国势力试图把如今这种平庸的教育水平强加给美国，我们很可能会将其视为战争行为。而就目前而言，这种平庸是我们自己造成的。我们甚至荒废了斯普特尼克号（Sputnik）① 人造卫星挑战之后学生所取得的成就。此外，我们已经废除了有助于实现这些成就的基本支持系统。实际上，我们一直在不假思索地采取单方面教育裁军行动。

---

① 1957 年 10 月 4 日苏联抢先美国成功发射斯普特尼克 1 号人造卫星，令西方世界陷入了一段恐惧和焦虑的时期。这场危机是冷战中的一个重大事件及转折点，当时美国一直认为自己在导弹和航天领域上处于领导地位，并曾经在斯普特尼克 1 号发射前尝试过两次试射人造卫星，但均告失败。斯普特尼克 1 号的发射成功显示了美苏之间的技术差距，引发了美国宇航局的成立和两个超级大国之间持续 20 多年的太空竞赛。——译者注

教育就这样被等同于"单方面教育裁军"和"战争行为",尽管"在斯普特尼克人造卫星挑战之后"曾取得了所谓的进展。该报告呼吁改革者行动起来,并将发生战争的可能性归咎于公共教育的失败。在此过程中,任何反对派都受到了不爱国的指控,这还算好的,最严重的指控是说他们对整个国家的经济和国家安全造成了威胁。

《处于危险中的国家:教育改革势在必行》对美国的学校改革提出了几项建议,包括提高毕业要求、对毕业要求提出具体建议、提高对所有学生的标准和期望、提高四年制大学的入学要求、延长学年和每日上学时长、提高在校效率、建立核心知识要求(报告称之为"新基础知识")、提高对教师教育背景的要求以及将教师薪资与学生考试成绩挂钩。因此,尽管此报告使用了选择性和误导性数据,是名过其实的"人为危机",但它"激发了刚刚起步的问责运动",将其转变成据称对国家安全有正面影响的全国性运动,并引入了当代标准及高利害考试政策。

《处于危险中的国家:教育改革势在必行》对美国教育政策产生了巨大影响,从报告发布后立刻制定和实施的大量政策即可看出:54 个州级教育委员会先后成立,26 个州在报告发布后一年内提高了毕业要求。报告发布三年后,35 个州实施了围绕考试和增加学生课业的州教育改革。这一报告由此确立了 20 世纪 90 年代教育改革的轨迹。到 1994 年,43 个州实施了全州范围内的 K–5 评估。到 2000 年,除艾奥瓦州外的每个州都实施了州强制性考试。

《不让一个孩子掉队法案》

时任副总统的乔治·H.W. 布什（George H.W. Bush，下称老布什）在竞选总统期间，向高利害标准化考试迈进的步伐一直在继续。老布什宣布他将成为"以教育为重的总统"，支持升学和毕业最低能力要求考试。他将这一议程推进到他发起的教育峰会（Summit on Education）中，成为他《美国 2000 年教育战略计划》的基础，其重点是考试及在学校建立"世界级标准"。民主党人克林顿和戈尔同样致力于贯彻该战略计划所确立的目标，维持了有必要在学校实施"严格标准"的论调，并为满足这些标准推行全国性考试制度。标准、考试和问责制运动在 21 世纪得以延续，戈尔在其 2000 年的民主党总统竞选中呼吁所有州都要设置高中毕业考试，乔治·W. 布什（George W. Bush，下称小布什）总统在 2001 年上任第一周内的工作就包括推动联邦教育补助金与学生考试成绩挂钩。

2002 年，联邦政府再次批准了《初等和中等教育法案》（*Elementary and Secondary Education Act*），称其为《不让一个孩子掉队法案》（NCLB 法案）。作为一项教育政策，NCLB 法案依靠高利害标准化考试这一主要工具来推动教育改革。NCLB 法案最初规定到 2006 年，所有三至八年级学生每年参加一次阅读和数学考试，高中阶段每年一次；到 2008 年，小学、初中和高中学生至少参加一次科学考试。根据 NCLB 法案的规定，学校必须在与种族、经济阶层、特殊教育和英语语言能力等相关群组中达到"学年成绩目标"（Adequate Yearly Progress，AYP），否则将面临处罚，例如会失去联邦补助金，或联邦补助金将用于支付一对一辅导、交通和其他"补充服务"的费用。如果一所学校连续四年未能达到 AYP，可以选择替换相关教职工、实行新课程、减少学校管理层人员、延长上学日或学年长度、引入外部咨询专家或重组学校。如果学校在五年后仍然未达标，则可能会被要求改成特许学校，彻底调整学校教职工，与一家公司或组织签订合同并由其来运营学校，或者学校运营可能交由州来管理。根据 NCLB 法案的要求，各群组中的所有学生也应在 2014 年之前 100% 达标，否则将面临以上处罚。

围绕 AYP 的 NCLB 法案很快就显露出缺陷，其中最重要的一个原因就是从统计学上讲，任何一个群组的学生都不可能 100% 达标，这主要是因为如果每个人都通过了一个标准化考试，就说明这个考试无效（我将在之后的章节中更详细地讨论这个问题）。此外，经济学家指出，虽然将成绩"良好"[1]的学生从 60% 提升到 61% 所需的财政资源很容易获得，但将

---

[1]　考试成绩分为"基本"（basic）、"熟练"（proficient）和"优秀"（advanced）三等，相当于及格、良好、优秀。——译者注

"良好"的学生从99%提升到100%需要的资金就会成倍增加，经济上无法保证100%良好。且不论能不能实现100%的目标，在任何给定年份，各群组也都几乎不可能实现NCLB法案规定的AYP。仅在2006年，就有将近2.3万所学校（占当年所有公立学校的1/4）未能达到AYP，其中一万多所学校被列入官方的"整改"清单。就在同一年，也就是NCLB法案通过仅四年之后，美国各州就纷纷立法，废止该法案部分或全部内容，这毫不出奇。到NCLB法案通过十周年时，超过一半的美国公立学校都进入了"整改"清单。

"力争上游"计划和《共同核心教育标准》

与此同时，尽管换了新总统，但华盛顿特区的政治僵局意味着NCLB法案一直延续到了奥巴马政府，这届政府没有重新授权，也没有重大修订。由于无法通过一项标志性的新联邦教育法，奥巴马政府走了另一条路，在2009年宣布启动一项竞争性补助计划——"力争上游"计划（RTTT计划）。据称RTTT计划对资源匮乏的州而言是一个双赢的机会，因为它们既可以申请豁免NCLB法案设计不当的AYP要求，又可以获得联邦补助。然而，要做到双赢，各州必须承诺进行一系列教育改革，才有资格申请补助（能不能得到补助又是另一回事）。所要求的改革包括开发依赖高利害考试的教师和校长评估系统（被称为增值模型或VAM，详见第四章）；为这些评估开发支持跟踪学生考试成绩的数据系统；采用《共同核心教育标准》（CCSS 标准）为高利害考试提供全国标准；加强教师培育；开发教师资格认证的替代途径；以及确定哪些末位学校需要通过解雇员工、成立特许学校、改建或关闭学校的策略来整顿。主要由比尔和梅琳达·盖茨基金会（Bill and Melinda Gates Foundation，下称盖茨基金会）资助的助力成功组织（Achieve, Inc.）后来与全国州长协会（National Governors Association）签约开发 CCSS 标准，由大卫·科尔曼（David Coleman）[①]领导了一个 24 人团队来制定标准。到 2010年，除 10 个州外，所有州都采用了 CCSS 标准，2013 年又增加了 5 个州。美国教育改革者只要有标准就想进行考试，因此 CCSS 标准很快就开发了两个对标考试：智能平衡评价联盟（SBAC）考试及大学和职业评估伙伴关系（PARCC）考试。除建立 CCSS 标准和取消 AYP 之外，RTTT 计划从本质上讲就是 NCLB 法案教育改革核心模型的延伸，其核心就是高利害标准化考试和一系列潜在处罚措施。

很快就出现了对 CCSS 标准的各种担忧，其中最具破坏性的是民粹主义认为联邦政府伸手过长，侵犯了州和家庭的

①　大卫·科尔曼目前担任美国大学理事会（College Board）的第九任主席，该理事会是设计 SAT 考试和大学先修课程考试的非营利组织，媒体经常称科尔曼为《共同核心教育标准》的"架构师"。——译者注

权利。内布拉斯加、得克萨斯、阿拉斯加和弗吉尼亚等少数几个州一开始就拒绝实施 CCSS 标准，印第安纳、南卡罗来纳和俄克拉荷马等少数几个州在 2014 年也不再支持 CCSS 标准。之前围绕联邦教育政策联合起来的保守联盟显露出明显的破裂迹象，并且在一片政治喧嚣中，人们在很大程度上不再将 RTTT 计划和 CCSS 标准视作联邦教育改革的驱动力，就连盖茨基金会也承认有些失败。然而，宣布 CCSS 标准已死还为时过早，因为它从来都不是"官方"的联邦教育政策，而只是奥巴马政府 RTTT 计划中的一项激励计划。全国多个州仍在进行 SBAC 和 PARCC 这两个主要的 CCSS 标准考试，就算佛罗里达等取消了 CCSS 标准的州最后选用的替代标准基本上也只是换汤不换药。此外，各地区仍在使用之前根据 CCSS 标准购买的教材和设计的课程。正如博主彼得·格林（Peter Greene）在一篇专栏中的恰当描述所说："CCSS 标准已死，但 CCSS 标准万寿无疆。"

《每个学生都成功法案》

NCLB 法案在政治上陷入僵局多年，也因此多次延期，CCSS 标准引发公愤，奥巴马政府终于在 2015 年重新授权了自己的联邦教育法，即《每个学生都成功法案》（ESS 法案）。ESS 法案在一些关键方面有别于 NCLB 法案。例如，ESS 法案没有 AYP 的规定，部分原因是民众反对 CCSS 标准及相关考试。ESS 法案还在教育政策方面给予了各州一定的灵活度，明确父母有权选择让他们的孩子退出高利害考试。然而，事实证明，NCLB 法案仍然是 ESS 法案的基础。正如卡普（Karp）所言：

尽管 NCLB 法案代表了联邦教育政策的一个巨大错误转向，而 ESSA 法案则更像是更换了司机而已，但并没有掉头。考试和处罚性改革的主要内容仍然存在，不过大部分工作已移交给了各州。需要考试年级和科目相同，仍然必须采用和实施"具有挑战性"的标准，"末位"学校仍需贴上标签并接受干预。但负责改革步伐和细节的将是各州和州长，而不是联邦政府的教育部长。

从本质上讲，ESS 法案在走高利害改革考试老路的同时，将问责责任从联邦政府踢到了各州。尽管 ESS 法案承诺会参照其他指标，但考试仍被用作评估教师、学校和学生的主要指标。教师教育的标准仍在降低。处罚仍然包括大规模裁员、学校转换成特许学校和关停的可能性。只不过现在挥舞大棒的不是联邦政府，而是州政府。

对于 ESS 法案，特朗普政府要么无法改变，要么漠不关心，因为前总统将决策权留给了各州。这并不是说特朗普没有干预教育。例如，他试图将联邦教育部的预算削减 11% 以上，他的教育部长试图推行私立学校教育券，但这两项提议均遭到国会拒绝。然而，他的政府成功地减少了教育领域与民权相关的数据收集工作，削弱了民权法在教育中的执行，并撤销了《教育法修正案》第九条中对跨性别学生的保护。在撰写本书时，拜登政府正在修正大部分对民权保护的改动，而除了提议大幅增加教育经费，似乎到目前为止拜登政府还没有全面改革联邦教育政策的计划。这意味着拜登总统和他几乎所有的前任一样，仍然坚持以高利害标准化考试为重点的教育政策，即使在新冠疫情全球蔓延的情况下，他也要求各州照常开展年度考试。

考试、新自由主义和现代教育改革

在 ESS 法案、CCSS 标准及其考试、RTTT 计划和 NCLB 法案之前，科恩哈勃（Kornhaber）和奥菲尔德（Orfield）指出：

> 在连续 6 个总统的任期内，推动高利害考试的论调从未间断。近 20 年来，两党的国家领导人都接受了这样一种理论，即我们的学校已经恶化，可以通过高利害考试来拯救。几乎所有的州领导人也这样认为。

约 20 年后的今天，我已经在撰写第二版《天生不平等》。可以说，他们两位的评论毫无疑问在今天仍然适用。无论何党何人当选都无关紧要，因为他们都坚持用高利害标准化考试作为评估学习、教学和教育的主要标准，他们上任后都建立或维护了问责制，处罚为考试成绩不佳负责的人。艾莫雷-比亚兹利（Amrein-Beardsley）将这种问责称为"评估和处罚"范式。用考试成绩来评估教育成果，用考试成绩来比较学生、教师、学校、州和国家，用考试成绩创建要在学校、课程和教育服务之间做出选择的准市场、用考试成绩攻击公共教育和教师培育，所有这一切都建立在新自由主义意识形态之上。

对新自由主义有多种定义和概念解释，但我比较认可哈维（Harvey）的定义。他认为新自由主义是政治和经济理论与实践的结合，其基础建立在以下假设之上："在以私有财产权、个人自由、不受约束的市场和自由贸易为特征的制度框架内将创业自由最大化，可以让人类福祉得到最大的推进。"新自由主义是对公共领域的攻击，因为新自由主义的人类理想存在于解除管制的私人领域。所有这些又进一步建立在这样的假设之上：个体资本主义竞争比在公共领域的集体努力要更有效，效率也更高。新自由主义这一概念应用于教育时，其逻辑可能在前总统小布什的一次演讲中表达得最为清晰。那是在1999年，还未出台NCLB法案，小布什在对保守智库曼哈顿研究所（Manhattan Institute）发表竞选演讲时说：

联邦资金将不再流向失败的学校。对教学不善又不积极求变的学校必须问责。做得不好，它们的联邦教育补助金就会被分给父母用于课外辅导，或用来成立特许学校，或去做其他一些有希望的尝试。在最好的情况下，失败的学校将迎接挑战，并需要重新获得家长的信任。在最坏的情况下，钱将被用来为美国最需要帮助的孩子提供奖学金。

十年后，在比尔·盖茨推动全美实施 CCSS 标准的运动中，这个逻辑在他的讲话中同样清晰，或许更加合乎他的身份：

当考试对标通用标准时，课程也会对标，这将在提升教学质量方面释放出强大的市场活力，将有大量客户第一次渴望购买可以帮助每个孩子学习和帮助每位老师提升教学质量的产品。

因此，学校变得和商业企业一样，都要遵循效率和自由市场竞争规则。在这种新自由主义模式中，亚当·斯密那资本主义看不见的手会确保"劣质"教育生产商将倒闭并退出市场，而"优质"教育生产商将在个体竞争中生存下来。在教育政策和学校教育结构中，新自由主义呈现出多种形式，其中大部分都围绕准市场的创建展开，并通过一系列政策举措得到推进。在主要的联邦和州教育政策中可以清晰地看到众多以市场为导向的政策措施，包括择校和学校优惠券计划有所扩大，教师培育放开管制，公立学校民主治理削弱，公立学校服务外包给私营企业等。正如库班（Cuban）所说，新自由主义还以其他方式渗透到了教育之中：

> 学区教育委员会将学监①更名为 CEO，副职更名为"首席运营官"和"首席学术官"。许多城市的学区教育委员会在学监合同中加入了绩效条款，学生考试成绩如有提高，将给学监发放奖金。许多学区已将交通、物业维护、餐饮、安全、采购"外包"给私营公司，有些学校整个都被外包了。学校决策者和管理人员说话时经常会加入诸如"满足客户需求"、"对标"和"服务营销"之类的术语（但教师很少会这样说话）。地区行政人员也从私营部门引入了市场研究、战略规划和"全面质量管理"等企业主要任务。

同样需要注意的是教育中的新自由主义也被高度种族化，我将在第五章中进一步讨论这个问题。

高利害考试对发展新自由主义教育极为重要，因为考试产生的数据被用作确定价值的唯一指标，而价值又被用于在教育市场上进行比较和竞争。在这些市场逻辑中，"好"的老师和学校能让学生在考试中拿高分，而"差"的老师和学校的学生则只能得低分。父母可以根据这些数据来选择孩子的

---

① 在美国的教育体系中，学监或督学是负责多所公立学校或一个学区的行政人员，学区内的所有学校校长都要向学监汇报工作。——译者注

升学目标（即他们得到的公共资金应该投向哪里），"差"老师可能会在评估中得低分并被解雇。分数低的差学校将失去市场份额，转为特许学校和/或被关停，而分数高的"好"学校将继续开办下去，走向成功。简单地说，考试及其产生的分数让人们围绕商品生产和消费的简单模型来重建教育，并且已成为推动整个新自由主义教育发展的动力来源。了解是谁制定了这些政策，又是谁在支持这些政策得以实施，至少能在一定程度上帮助我们明白是如何走到这一步的。

企业支持的教育改革

整个 20 世纪 90 年代，在老布什和比尔·克林顿（Bill Clinton）先后担任总统期间，高利害考试首先被纳入州和联邦教育政策，最终带来了史密斯（Smith）所谓的"商业隐喻的胜利"，"政策将教学、学术标准、考试和问责视为商业实践"。其中至少有部分原因是商界对美国公共教育产生了兴趣。

例如，在 1989 年的美国商业圆桌会议（BRT）上，全美最大的 218 家公司的 CEO 就如何确保美国各州州长制定的国家教育目标（National Education Goals）能得以成功实施展开了讨论。到 1995 年，BRT 明确了所谓"成功教育系统的九大基本要素"。1996 年，BRT 教育工作组、全国商业联盟（National Alliance of Business）和美商会（U.S. Chamber of

Commerce）发表联合声明，宣布：

> 我们——雇用了 3400 万人的美国商界代表——担心从美国的学校毕业的学生没有做好迎接全球经济竞争挑战的准备。未来，我们国家的经济要安全运行，民主社会要继续蓬勃发展，需要一代具有扎实学识和世界一流技术技能、敬业工作、积极热情、有创造性和分析思维能力的高中毕业生。尽管近年来有一些令人鼓舞的发展，但企业招聘合格员工仍有困难。现在，企业应该更积极地参与创造佳绩的努力。

正如所料，BRT 明确提倡高利害考试和国家标准。看看他们的"九大基本要素"，就能发现每一个要素都包含在 NCLB 法案之中。此外，值得注意的是，BRT 提供了一本 33 页的手册，为企业领导者如何克服对高利害考试的抵制提供建议。BRT 还聘请了商业领袖来制定他们认为修复公共教育所需的计划。正如库班所述：

> （老）布什总统第一任任期的教育部长拉马尔·亚历山大（Lamar Alexander）聘请了施乐公司前董事长大卫·卡恩斯（David Kearns）来制定国家教学标准。联邦官员还建立了一个私人资助的新美国学校发展公司，并由其负责设计 21 世纪全国中小学改革典范的卓越学校。来自私营部门的各界商业领袖和两党政治领袖都赞同成立一个国家技能标准委员

会（National Skills Standards Board），这包含在 2000 年教育目标中，后来在克林顿政府期间被纳入《学校与工作机会法》（*School-to-Work Opportunities Act*）。

许多企业领导人人脉广阔，对教育政策影响力巨大。州立农业保险公司（State Farm Insurance）的首席执行官爱德华·鲁斯特（Edward Rust）就是一个很好的例子，他曾在多个委员会和董事会任职，包括卓越教育商业联盟（Business Coalition for Excellence in Education，联合主席），BRT（教育工作组主席），全国商业联盟（前主席、董事会成员），经济发展委员会（Committee for Economic Development，联合主席、教育政策小组委员会），助力成功组织（董事会成员），麦格劳–希尔出版公司（McGraw–Hill，董事会成员），美国企业研究所（理事会成员）和布什总统的教育委员会过渡咨询小组（Transition Advisory Team Committee on Education）。

商界领袖对 CCSS 标准的制定也有重大影响。2009 年 4 月，助力成功组织与全国州长协会签订协议，负责制定全国的阅读和数学考试标准。正如马蒂斯（Mathis）所解释的那样：

助力成功组织私下开会，除一人例外，参与标准制定的全都不是从事 K-12 教育的教育工作者。工作组的成员几乎完全由助力成功组织、考试公司（ACT 和大学委员会）和支持问责制的团体（例如美国之选、学生成就合作伙伴组织、胡佛研究所）的成员组成。教育工作者和相关专家不满被排除在标准制定过程之外。标准制定人员和州教育部门之间对标准进行了多次秘密迭代。

在大卫·科尔曼（David Coleman）的带领下，由24人组成的 CCSS 标准工作组起草了标准草案。工作组中没有 K-12教育工作者，成员主要由在 K-12 和大学考试行业工作的人员或与倡导团体和智库有关系的知识分子组成。此外，CCSS 标准工作组的几名成员与教育巨头培生集团（Pearson）有直接关联，并与 CCSS 标准考试公司有直接合作。

企业基金会对新自由主义教育政策和改革的影响也越来越大。一个早期的例子是成立于 1953 年的约翰·M. 奥林基金会（John M. Olin Foundation），该基金会通过捐赠方式推动教育政策的辩论。它资助赫恩斯坦（Herrnstein）和默里（Murray）撰写了《钟形曲线》（*The Bell Curve*）[1]（作者在书中

---

[1] 《钟形曲线》出版于 1994 年，是一本畅销但充满争议的著作。作者是哈佛大学教授理查德·J. 赫恩斯坦（Richard J. Herrnstein）和美国企业研究所（AEI）的政治学者查尔斯·默里（Charles Murray）。该书的核心观点是，在个人的经济收入、工作表现、未婚怀孕和犯罪问题方面，比起父母的社会经济地位或教育程度，智力是一个较好的预测因素。这本书引发的最大争议之处在于作者提出了"种族与智力有关"的结论，并且认为黑人的智力低于白人与种族有关，而与社会经济背景没有关系。——译者注

用谬误的证据来论证智力与种族有关），为丘博（Chubb）和莫伊（Moe）的《政治、市场和美国学校》(*Politics, Markets, and America's Schools*) 资助了 11 万美元（该书提倡在自由市场中使用教育代金券并支持择校）；向新保守派黛安·拉维奇 (Diane Ravitch) 授予了 17 笔总价值超过 210 万美元的赠款，以支持她在传播保守文化知识方面的工作；向前总统罗纳德·里根（Ronald Reagan）的教育部长威廉·贝内特 (William Bennett) 提供了 9 笔总计 95 万美元的赠款；并向另一位自由市场教育改革保守派切斯特·芬恩 (Chester Finn) 提供了 10 笔总计 96.1 万美元的赠款。其他例子包括沃尔玛的约翰·沃尔顿（John Walton），他给美国 CEO 基金会（CEO America，推动学校教育券计划的保守组织）的捐款超过 5000 万美元。沃尔顿和泰德·福斯特曼（Ted Forstman，华尔街风险投资家）共同出资 1 亿美元创立了儿童奖学金基金（Children's Scholarship Fund，该机构与美国 CEO 基金会关系密切）。另一个著名的保守派资助机构布拉德利基金会（Bradley Foundation）除了为前面提到的赫恩斯坦和默里的《钟形曲线》提供资金支持外，还向通过教育券计划促进公共教育私有化的组织提供资金支持。

事实上，近年来，慈善基金会（通常都与超级富有的资本家有关联）已经成为教育改革和政策领域中的一股强大力量。例如在 2011 年，据估计有数百家私人慈善机构在 K-12 教育计划上总共支出了近 40 亿美元。然而，在众多基金会中，盖茨基金会、沃尔顿家族基金会（Walton Family Foundation）以及伊莱和埃迪思·布罗德基金会（Eli and Edythe Broad Foundation）是迄今为止最著名的私人慈善机构。即使这三大基金会在具体政治主张上有所不同，但它们一致通过促进择校、放松公共教育管制、实施问责措施和基于数据做决策来支持新自由主义基于市场的教育政策。它们关注的问题体现在基金会资助的各种项目中，包括促进特许学校、高利害考试、大规模解雇员工、关停学校措施在内的彻底整改，基于考试的绩效薪酬计划，解除管制的教师培育计划及收集大量数据等。这些慈善机构工作的一部分是资助大量符合其政策议程的非营利和非政府组织，为州和联邦层面的游说者提供资金，赞助研究报告和智库、资助媒体报道教育议题，以及为其他资助机构提供资金，让它们可以利用其资源对新自由主义政策展开更广泛、更贴近民众的宣传。

这些基金会之间也有相互协作，它们和政客、教育公司和其他新自由主义倡导团体一起，是保守团体美国立法交流委员会（ALEC）[①]等组织的成员，ALEC 以促进自由市场和限

---

① 非营利组织，由保守的州议会和私营部门的代表组成的非营利组织，他们起草和分享示范法，分发给美国各州政府阅览。——译者注

制政府角色为使命，为支持自由市场的保守派起草示范法①，以期在州政府立法机构得以通过。最臭名昭著的可能就是"坚守阵地"的枪支法，包括在佛罗里达州为种族主义者法外处决特雷翁·马丁（Trayvon Martin）的行为辩护开脱的法案。2014 年，ALEC 教育工作组的成员包括择校联盟（Alliance for School Choice）和华盛顿政策中心（Washington Policy Center）等智库、布罗德基金会、盖茨基金会和沃尔顿基金会等公益创投组织、来自 30 多个州的共和党议员、全国专业教学标准委员会（National Board of Professional Teaching Standards）和全国特许学校授权人协会（National Association of Charter School Authorizers）等行业协会、Connections Academy、Dell,Inc. 和 Kaplan,Inc. 等营利性教育公司。ALEC 起草了攻击教师工会、推动教师教育放松管制、减少公共教育资金、支持择校和特许学校的示范教育法案，并为私营企业从公共教育资源中获利奠定了基础。这些相互关联、影响力巨大的慈善团体、企

---

① 示范法是由一些官方、半官方或民间的法律机构或者法律从业者提供的不具有强制约束力的规范，各国或者各地区的立法机关可在此基础上制定相同或类似的法律，从而达到司法统一。示范法起源于美国，是其国内司法统一化的重要方法：由于美国是联邦制国家，各州独立立法权的存在造成了彼此间法律上的差异，甚至是矛盾。为解决州际法律冲突，示范法便应运而生。在美国示范法有时也有另一个目的，即出于一些政治目的在此伪装下通过示范法进行游说。——译者注

业、智库和倡导组织是新自由主义网络治理的体现，利用资金充足的组织来推进特定的政策议程。

比尔和梅琳达·盖茨基金会

比尔和梅琳达·盖茨基金会（下称盖茨基金会）在 CCSS 标准中的作用很好地说明了这些基金会强大的网络和影响力。该基金会与奥巴马政府关系紧密。盖茨基金会已捐款 9000 万美元，资助芝加哥学校的新自由主义教育改革，重点是关停表现欠佳的学校，并将它们转变为特许学校。这将时任芝加哥公立学区的 CEO 阿恩·邓肯（Arne Duncan）打造成了企业式教育政策的重要领袖，这一声誉也帮助他进入了白宫，成为前总统奥巴马任命的教育部长。在 2007 年总统竞选期间，盖茨基金会还向两个主要政党提供了总额为 6000 万美元的资金，它们支持的许多自由市场教育改革成为竞选纲领的一部分。奥巴马当选总统后，邓肯被任命为教育部长，几乎在第一时间就设立了一个新的职位——慈善组织参与总监（Director of Philanthropic Engagement）。邓肯的第一任办公室主任来自盖茨基金会，第二任来自新自由主义的新学校风投基金（New Schools Venture Fund），该基金也是盖茨基金会的主要受助组织。邓肯办公室的其他工作人员要么与布罗德和盖茨基金会有关联，要么来自盖茨基金会资助的组织。

盖茨基金会甚至在制定 RTTT 计划应用的标准方面发挥

了核心作用，当然，它也是推动 CCSS 标准开发和实施的关键力量。盖茨基金会在支持 CCSS 标准的开发和推广方面总共投入了 2.33 亿美元，这包括对美国两个主要教师工会和美国进步中心（Center for American Progress）等自由组织以及 ALEC 和美商会等保守组织的赞助，它还资助了许多智库和中心开展的研究，其中许多研究"恰好"一致发现特许学校、高利害考试和通用标准等改革产生了积极成果。盖茨基金会还资助了其他重要组织以推动 CCSS 标准取得成果。如前所述，2009 年在盖茨基金会的支持下，助力成功组织与全国州长协会签约，开始起草 CCSS 标准，在政策圈为标准获得支持发挥了核心引导作用，因此：

到 2009 年，CCSS 标准网络完成了象征性和实质性的整合，最终建立起一个通过标准开展治理的教育网络。在这个网络中，助力成功组织作为网络管理者发挥了重要作用，并将各方参与者（例如州政府部门）聚集在一起发起官方改革。

盖茨基金会还资助了许多非营利组织，让它们支持 CCSS 标准、特许学校和考试的改革有了"草根"组织的幌子。然而，由于它们享有大企业慈善家的支持，许多人开始将这些非营利组织称为"人造草根"组织，因为它们倡导政策的动力似乎来自企业利益，而不是草根社区组织。

盖茨基金会为了支持其教育改革议程，还出资开展了大规模的媒体宣传活动。例如，该基金会和其他机构共同赞助了 NBC 新闻台的《教育之国》（*Education Nation*）节目，为期一周，在 NBC、MSNBC、CNBC 和 Telemundo TV 上都有播出。它们还资助了纪录片《等待超人》（*Waiting for Superman*），其中部分情节比较感人，讲述了被边缘化的公立学校学生所面临的问题，但这部电影也充满了错误信息，只是试图通过提倡成立特许学校和攻击教师工会来解决美国公共教育面临的问题。盖茨基金会还资助当地媒体报道教育问题，但只支持关注解决方案而不带分析的报道。他们支持的 CCSS 标准网络和媒体宣传活动效果显著。2008 年，CCSS 标准架构师大卫·科尔曼在一次活动中和比尔·盖茨两人进行了一次对话，后来 45 个州和哥伦比亚特区在短短两年多的时间里纷纷采纳了 CCSS 标准。如果说过去 20 年所有这些基于考试的政策和基础设施有什么效果的话，那就是它们产生了大量的考试、大量的数据，以及大量相关负责考试和数据分析的技术工作人员。

高利害考试与新中产阶层的崛起

回顾 20 世纪 80 年代高利害标准化考试时代的起点，哈尼（Haney）等人估计那时全国每年要进行 1.43 亿到 3.95 亿次考试。这个数字随着 NCLB 法案和 CCSS 标准的实施明显飙升，ESS 法案实施后继续保持了这一趋势。独立教育智库教育领域（Education Sector）估计，仅在 2005 至 2006 学年，尚未完全实施 NCLB 法案考试要求的 23 个州为满足联邦要求需要进行 1140 万次新的阅读和数学考试。此外，到 2007 至 2008 学年，按要求各州也要开展科学考试，估计还需要另外 1100 万次新考试才能达到要求。这些都是对当时 NCLB 法案已经要求的约 4500 万次考试的补充。正如我在本章开头所讨论的那样，我们还知道 CCSS 标准通过 SBAC 和 PARCC 催生了大量高利害考试，包括 2014 至 2015 学年 K-12 学生在 66 个学区的 401 种不同考试中人均要参加的约 112.3 次标准化考试。另一项针对城市学校的研究发现，学生平均每月要参加一次标准化考试，有些学生每月要考两次，有的学生在 2013 至 2014 学年参加了 20 次标准化考试。一份报告表明，大型教育公司培生于 2014 年在美国开展了 900 万次考试。我之前说过，我们的学生参加了太多的考试，在 2014 至 2015 年反考试运动的高峰，即使是支持考试的奥巴马总统也对学生的考试太多表示了遗憾。

我们已习惯了有这么多高利害标准化考试，习惯了考试要看成绩。但是，我认为很多人很少会想到这些考试都需要设备，需要培训人员。正如我们在 CCSS 标准中看到的那样，首先需要有人来创建标准、推广标准、为标准获得支持，并协助标准的实施。然后，需要具有专业知识的人员来设计考试，以评估学生是否达到标准；这些考试还需要宣传，然后推广到州 / 学区 / 学校，并组织考试。现在高利害考试主要是机考，因此还需要编程人员把试卷输入到计算机上，学校则需要网络和硬件的支持。然后需要创建对接考试系统的数据收集和报告系统（例如学校评分板），还需要有数据分析专业知识的人来分析和解释数据，再找人为学区撰写官方报告，也许还需要一些大学或智库的学者用数据做官方研究。在整个过程中，需要有人来根据标准编写对标考试的教材，供学区和学校购买，确保课程与考试内容相匹配。最后，还要有人为那些考试成绩不佳的学生创建基于标准和考试的辅导项目及材料。为了对教育工作者在新标准、考试以及相关新技术的使用方面开展培训，还需要有人参与设计研讨会、做会议演示、发言，以及开发职业发展材料。另有一些人在一些非营利教育组织中工作，对民众进行标准和考试方面的宣传教育，这些人可能还要承担游说工作，以确保所有这些变化都能成为政策。请注意，这些人员存在于地方和联邦各级公立学校系统的权力链上下游、营利和非营利组织、企业、智囊团和大学研究机构的研究中心之中。这些考试和处罚体系需要大量的专业人员来维持运行。因此，过去 20 年的教育政策导致所谓的职业管理新中产阶层①（下称新中产）不断兴起。

---

① 职业管理新中产阶层指的是资本主义内部的一个社会阶层，他们通过占据高级管理职位来控制生产过程，既不是无产阶级也不是资产阶级。——译者注

　　艾普做了很多重要研究，来说明美国的主要教育政策通常是围绕保守联盟构建起来的，他认为这个联盟的成员包括新自由主义者（支持自由市场）、威权民粹主义者（支持自由市场和个人自由）、新保守主义者（支持保守文化政治和自由市场）和新中产（支持自由市场和更自由主义的政治，但也支持通过技术和管理方案解决问题）。艾普认为，NCLB法案等教育政策将这些利益不同的群体拼凑起来，以创造一个足够广泛的网络来获得它们对该政策的支持，他进一步解释说：

　　我们需要认识到，当前政策更强调对学校进行监察，强化问责形式，加强控制，并认为竞争将提高效率，这并不能完全归结于新自由主义者和新保守主义者的需要。相反，推动制定这些政策的压力一部分来自教育管理者和官僚，他们全心全意地认为这种控制是必要的，而且是"好的"……加强控制、高利害考试和（简化的）问责方法为这些管理者提供了更多不断发展变化的角色。

　　事实上，我在其他著述中曾经指出，高利害考试的增加导致了新中产的崛起，由于新自由主义教育改革非常依赖数据，新中产变得越来越强大，他们拥有教育改革所需的技术专长，通常包括管理和提效技术、定量评估、数据收集、分析、传播、专业发展、课程开发以及数字技术的应用和使用方面的专长（数字技术是支持和创造保守教育改革能力的工

具）。新中产对强化评估体系和问责制非常依赖，并借此实现
了自身在社会中的向上流动，这一点非常值得注意。此类体
系的强化为他们提供了就业机会，让他们更加接近教育改革
的权力中心。他们的孩子也往往在考试中表现出色，这有助
于他们社会经济地位的再生产。我们还需要认识到，新中产
认同新自由主义提倡的自由市场（对这个群体来说这更属于
是常识，而不是受意识形态的影响），而且在文化政治方面，
他们比新保守主义者和威权民粹主义者有更多的自由主义
倾向。

从典型的阶级和政治经济学概念的角度来看，新中产是
一个模糊的概念范畴。它是专业人士和管理者阶级的组成部
分，在财富、劳动力或文化方面既不属于工人阶级，也不属
于拥有财产的资产阶级。正如波什坎（Boschken）所解释的
那样，这个概念之所以模糊，是因为专业人士和管理者"在
大学受到了系统应用知识的训练，他们利用所受的训练来完
成角色所需。除股票期权和退休账户之外，他们都没有太多
的商业财产"。因此，从这个意义上说，新中产既不属于1%
手握大量全球资本的精英，也不是处在经济底层的工人阶级
劳动群众的一部分。此外，中产阶级内部存在分层现象，美
国上中产阶层的专业人士和管理者中富有的精英部分一直在
脱离中产阶级。波什坎认为专业水平（professionalism）是上
中产阶层理论化和研究中的决定性共同特征之一，因为这一
阶层的成员最容易通过他们在机构中的职位（例如分析师）

和不断增长的高收入来识别，而绝大多数中下阶层和工薪阶层的收入整体在下降。

从 NCLB 法案说起。新中产在围绕高利害考试建立的新自由主义治理网络中日益强大。在 NCLB 法案实施期间，能够处理、分析和报告数据的新中产专业人员对考试和创建 AYP 至关重要。新中产的这种专业知识随后也被应用到所有与考试相关的教材、培训、教辅备考材料和课程中。CCSS 标准的开发和推出及其考试加大了新中产专业人士在教育政策方面的影响力，催生了大量新增的考试、技术和数据收集要求，相关改革的权威性和推动力继续通过慈善基金会、非营利组织、智库和研究中心的庞大网络进一步扩大。事实上，由于专制民粹主义者开始对联邦标准和考试做出了强烈反应，并试图重新确立州和家庭控制教育的权利，新中产因 CCSS 标准而获得的越来越大的权力和权威可能导致联邦教育政策发展的保守联盟产生破裂。尽管新自由主义教育改革时代见证了新中产的崛起，但我们不能忽视这样一个事实——利用自由市场资本主义的原则发展教育的努力不仅要试图通过竞争和提升效率的技术来重塑公立学校，它还体现了一种新自由主义的冲动，试图用公共资金充私人实体之私囊。

生意兴隆

NCLB 法案在 20 世纪 90 年代将考试变成联邦教育政策的

核心之前，高利害考试就已经是一个庞大的市场。1997年，仅针对公共教育的标准化考试销售额就超过了1.91亿美元，比1992年增长了21%。加利福尼亚州时任州长皮特·威尔逊（Pete Wilson）决定将该州考试改为标准化选择题考试时，哈考特·布雷斯教育出版公司（Harcourt Brace）获得了为期四年的斯坦福评定测验（Stanford 9）[①]合同，为超过400万公立学校的学生提供考试。仅在1998年，该出版公司就从这笔交易中赚了3000万美元。全国计算机系统公司（NCS）负责处理该出版社合同所产生的大量考试数据，每年从出版社那里能拿到1200万美元。NCS处理标准化考试数据的利基服务逐渐发展成一项价值4亿美元的业务。据该公司估计，在20世纪90年代，考试管理和数据处理市场的价值超过10亿美元。NCS的销售额在1994—1998年增长了近60%。

麦格劳-希尔公司（McGraw-Hill）的子公司CTB/McGraw-Hill（下称CTB）的情况也说明了标准化考试背后的市场潜力。根据萨克斯（Sacks）的数据，当时CTB雇用了600名员工，发布了包括基本技能综合考试（Comprehensive Test of Basic Skills）和加州学习成就考试（California Achievement Test）在内的65种考试。虽然麦格劳-希尔公司没有按细分领域统计

---

① Stanford Achievement Test，又称Stanford 9，是由斯坦福大学开发、加州购买的全州标准化评定考试，是一项一至十一年级都要参加的基本学力测验。——译者注

利润，但其教育和专业出版集团（Educational and Professional Publishing Group，CTB 所在的集团）在 1997 年的收入为 16 亿美元，其中很大一部分来自考试行业。有必要指出布什家族与麦格劳–希尔公司的麦格劳家族私交甚密。除了编写教材和设计考试，麦格劳–希尔公司还出版了 Open Court 和 Reading Mastery 自然拼读系列，政府认为这两个系列设计"科学"，符合 NCLB 法案的"阅读优先"（Reading First）倡议。1999 年，麦格劳–希尔公司的教育板块销售额超过 40 亿美元。

正如预期的那样，NCLB 法案在国会通过后，考试行业——包括考试本身和考试相关材料——出现爆炸式增长。伯奇（Burch）称，考试相关印刷材料的销售额从 1992 年的 2.11 亿美元上升到 2003 年的 5.92 亿美元。市场研究公司 Eduventures Inc. 的数据显示，2006 年，美国的考试、备考材料和考试服务的总价值为 23 亿美元，仅在 2005 至 2006 学年，所有 NCLB 法案相关考试的开发、发布、管理、分析和报告就价值 5.17 亿美元。Eduventures Inc. 还估计全州考试所产生的收入有 90% 落入了少数几家公司的口袋，包括培生、CTB、哈考特测试公司（Harcourt Assessment Inc.）、河边出版社〔Riverside Publishing，霍顿·米夫林公司（Houghton Mifflin Co.）的子公司〕和美国教育考试服务中心（ETS）。除考试开发之外，与 NCLB 法案等政策相关的高利害考试实质上还创造了其他与考试相关的配套服务市场。NCLB 法案通过后，在为学区和州提供基于考试的技术解决方案领域，一家领先企业的业务增长了近 300%。营利性辅导公司在 2003 年营业额达到 40 亿美元。此外，尽管在市场上营利性公司几乎与非营利性公司平分秋色，但对于提供 NCLB 法案相关内容和服务的营利性公司来说，仅在 2003 年一年收入就接近 16.2 亿美元，这个数字在 CCSS 标准时代继续飙升。根据国家教育统计中心（National Center for Educational Statistics）的数据，2011 至 2012 学年，美国各阶段教育（公立和私立从学前班到研究生教育）的总支出大约为 1.2 万亿美元，其中中小学支出约为 7000 亿美元。这些数字只是对所有学校支出的整体估计，还不包括实施 CCSS 标准的成本。福特汉姆研究所（Fordham Institute）的数据显示，在 2012 年至 2014 年实施 CCSS 标准耗资 121 亿美元，而保守组织先驱研究所（Pioneer Institute）和美国原则项目（American Principles Project）等其他组织的数据显示，在 2012 至 2018 年的 7 年间，实施 CCSS 标准的中位成本为 158 亿美元，其中 12 亿美元用于评估，53 亿美元用于专业发展，69 亿美元用于技术基础设施和支持。2011年，基于技术的考试和用于考试或备考的相关技术要求（例如，新电脑或平板电脑）将耗资 16 亿美元。另一项研究表明，2012 年 K-12 考试的市场总规模为 39 亿美元，每年增长 4% 至 5%，到 2014 年达到 45 亿美元。钦戈斯（Chingos）在为布鲁金斯学会（Brooking Institute）所做的分析中指出，在同一时期，全美每年仅在考试上就支出 17 亿美元，培生公司从中分得了 2.58 亿美元。

这些数字令人眼花缭乱，企业从教育拨款中谋利也就不足为奇了。2010年，新闻集团（News Corp）CEO鲁珀特·默多克（Rupert Murdoch）认为K-12教育行业价值5000亿美元。在2013年SXSWedu创新教育大会上的一次演讲中，比尔·盖茨预测教材、评估和教辅市场的价值将达到90亿美元。据《纽约时报》报道，自2005年以来，公共教育领域的风险投资增长了80%，截至2012年，总计达到6.32亿美元。毫无疑问，在2009年（CCSS标准刚开始实施时）到2014年，4家最著名的教育公司和非营利组织——培生教育、ETS、霍顿·米夫林出版社和麦格劳–希尔公司——在州和联邦机构的游说工作方面共斥资超过2000万美元，它们中的一些公司不仅开发和销售考试本身（包括评分、分析和报告结果），还销售教材并提供其他备考服务及材料。2014年，培生获得了一份开发和管理CCSS标准的PARCC考试合同（没有其他公司投标），估计价值超过10亿美元，合同期限为8年。比尔·盖茨和微软自然也想从中获益。2014年2月，微软宣布与培生合作，将培生的CCSS标准材料加装到微软的Surface平板电脑上。值得一提的是，非营利组织也在考试市场中获利。例如，根据最近公开的税收数据，2017年，非营利组织ETC的总资产超过13亿美元，其总裁沃尔特·麦克唐纳（Walter MacDonald）当年的薪水超过110万美元。同样，2018年，美国大学理事会（College Board，管理SAT的机构）的总资产超过了14亿美元，总裁兼CEO大卫·科尔曼（CCSS标准的主要架构师）年薪超过 150 万美元。如此看来，非营利组织中也有人在赚钱。

在各方赚得盆满钵满之时，人们会忽略一个简单的现实：他们赚的钱大部分来自公共税收，如果你在美国，这就意味着你和你邻居的钱被直接转入了私营企业的金库。这种新自由主义进程的体现被哈维（Harvey）称作"剥夺性积累"。

起作用了吗？

我在本章讨论了以下内容：新自由主义对现代教育政策产生了巨大影响，高利害标准化考试是整个教育改革的核心，是产生数据的御用工具，而数据是在自由市场资本主义框架下发展教育所需的依据。资本主义市场最大的问题在于，基于考试的改革历经 20 多年，花费数十亿计美元，一直试图将学校视为失败后要承担后果的企业，在进行了数亿次考试之后，这样的改革是否真的提高了学生的成绩？答案是一个响亮的"不"字。鉴于为此付出的巨大努力，结果可悲，甚至可笑。

为了解释答案为什么是否定的，我先来提供一些背景信息。在 NCLB 法案实施期间，尽管各州必须进行考试，但具体考什么则完全由各州自己来决定。尽管有几个州有一些统一考试，但总的来说在不同的州进行不同的考试让结果对比变得非常困难，而横向比较是当初建立 CCSS 标准的原因之一。各州标准完全相同，且只有两个与这些标准对标的主要考试（SBAC 和 PARCC），能让各州之间的比较更加可行。这里的经验教训是：如果想用考试成绩进行比较，则需要使用产生相同数据的相同工具进行比较，或者是使用尽可能接近"相同"的工具。因此，为了弄清楚 NCLB 法案、CCSS 标准和 ESS 法案改革是否提高了考试分数，分析人士经常会去参考在过去二三十年中一直在进行的一些其他考试，比如全国教育进展评估（NAEP）和国际学生能力评估计划（PISA）。虽然有人会说这些考试也都是"高利害"考试，因为这些分数会被用来批评或支持一国教育政策的效果，但它们并不是正式的"高利害"考试，因为参加这些考试的学生（或他们的老师或学校）不论成绩如何，都无须承担任何后果。这些考试是在美国政策结构之外进行的，所以用它们来进行比较可以判断那些基于考试的新自由主义式教育改革是否产生了效果。

显而易见的事实是，尽管 2003 年至 2007 年的考试分数略有上升（我所说的"略有上升"是指在 NAEP 中，八年级数学每年可能增加了 1 分至 2 分，四年级数学每年可能增加了 2 分至 3 分），但随后从 NCLB 法案到 CCSS 标准时代再到 ESSA 法案，美国学生的分数一直相对稳定。事实上，近年来分数甚至有所下降，导致政策制定者、政客和权威人士纷纷哀叹美国学生在国际上"落后于"同龄人。即使在考试成绩有所提高的情况下，白人学生的成绩也超过了黑人和拉丁裔学生的成绩，而且差距比实施 NCLB 法案之前更大。其他针对华盛顿特区、纽约市和芝加哥这几个大力推动高利害考试和特许学校等自由市场改革的城市的研究显示，与未大力实施这些改革措施的城市相比，考试成绩的提高幅度较小，并且这些城市各自的成绩差距进一步拉大。一项关于提交 SAT 或 ACT 成绩对大学录取影响的研究调查了各类高等教育机构中的 12.3 万名学生，其中 3 万人在申请中没有提交 SAT 或 ACT 分数，这一事实又是高利害考试整体而言作用不大的另一项证据。该研究比较了入学前提交和未提交 SAT 或 ACT 分数的学生成绩平均绩点（GPA），结果发现累积 GPA 成绩相差 0.05（5%），毕业率相差 0.6%。

需要明确的是，我提供这些信息并不是为了表明考试成绩正当合理。读者将在后面（特别是在第四章和第五章中）看到，我坚信高利害标准化考试所产生的分数在衡量教学或学习方面完全不合理，其主要作用是分层、控制，是影响学生、教师和学校的工具。我的观点是，如果从表面上看考试和考试成绩，那么从逻辑上讲，过去 20 多年围绕高利害考试进行的新自由主义教育改革应该能提高学生 NAEP 或 PISA 的考试成绩，但数据显示并非如此。这些政策根本无法像承诺的那样发挥作用。所有这些都表明，基于考试的新自由主义教育改革有一个具有讽刺意味的问题：不管是什么样的资本主义商业模式，一件事做了 20 年都没有产生结果，没法不说它是一败涂地。

我不得不承认，在这一章里我有点过于含蓄。我一直在用新自由主义一词来描述这些教育改革，它们利用高利害标准化考试的成绩来尝试在 K-12 教育中创造自由市场竞争，并将公共资源导向私人金库。实际上，我所说的是资本主义的教育改革，以及高利害考试如何帮助我们从资本主义生产的角度来构想教育。以这种方式构想教育的根源可以追溯到 100 多年前美国开始建立面向大众的公立学校系统之时，而标准化考试就是当时开展公立教育的核心工具。这段历史是下一章的重点。

参考文献

990 Finder. (2021a). College board. *990 Finder*. https://docs. candid.org/990/131/131623965/131623965_2018_17070895_990.pdf?_ gl=1*1op4tli*_ga*MTkwNTMzOTkxOC4xN jM1NzAwMDIy*_ga_5W8 PXYYGBX*MTYzNTcwMDAyMS4xLjEuMTYzNTcw MDUwMC4w&_ ga=2.49198054.1998512086.1635700022–1905339918.1635700022.

990 Finder. (2021b). Educational testing service. *990 Finder*. https://990s. foundationcenter. org/990_pdf_archive/210/210634479/210634479_ 201709_990.pdf?_gl=1*1eauc01*_ga*MTkwNTMzOTkxOC4xNjM1NzAwMD Iy*_ga_5W8PXYYGBX*MTYzNTc wMDAyMS4xLjEuMTYzNTcwMDExNS4w.

Accountability Works. (2012). *National cost of aligning states and localities to the common core standards*. Pioneer Institute American Principles Project Pacific Research Institute. www.pioneerinstitute.org.

Altwerger, B., & Strauss, S. L. (2002). The business behind testing.

Language Arts, 79(3), 256–263.

Amrein, A. L., & Berliner, D. C. (2005). High–stakes testing, uncertainty, and student learning. *Education Policy Analysis Archives*, 10(18). http://epaa. asu.edu/epaa/v10n18.

Amrein–Beardsley, A. (2014). *Rethinking value-added models in education: Critical perspectives on tests and assessment-based accountability.* Routledge.

Anderson, G. L., & Donchik, L. M. (2014). Privatizing schooling and policy making: The American legislative exchange council and new political and discursive strategies of educational governance. *Educational Policy*, 30(2), 322–364. https://doi. org/10.1177/0895904814528794.

Apple, M. W. (2006). *Educating the "right" way: Markets, standards, god, and inequality* (2nd ed.). RoutledgeFalmer.

Apple, M. W., & Pedroni, T. C. (2005). Conservative alliance building and African American support of vouchers: The end of Brown's promise or a new beginning? *Teachers College Record*, 107(9), 2068–2105.

Au, W. (2008). Between education and the economy: High–stakes testing and the contradictory location of the new middle class. *Journal of Education Policy*, 23(5), 501–513.

Au, W. (2015, May 9). Just whose rights do these civil rights groups think they are protecting? *The Answer Sheet.* http://www.washingtonpost.com/blogs/ answer–sheet/wp/2015/05/09/just–whose–rights–do–these–civil–rights– groups–think–they–areprotecting/.

Au, W. (2016a). Meritocracy 2.0: High–stakes, standardized testing as a racial project of neoliberal multiculturalism. *Educational Policy*, 30(1), 39–62. https://doi. org/10.1177/0895904815614916.

Au, W. (2016b). Techies, the tea party, and the common core: The rise of the new upper middle class and tensions in the rightist politics of federal education reform. *The Educational Forum*, 80(2). https://doi.org/10.1080/0013 1725.2016.1135378.

Au, W. (2021, March 16). The futility of standardized testing in a crazy pandemic year. *The Washington Post.* https://www.washingtonpost.com/

education/2021/03/16/futility–standardized–testing–crazy–pandemic–year/.

Au, W., & Ferrare, J. J. (2014). Sponsors of policy: A network analysis of wealthy elites, their affiliated philanthropies, and charter school reform in Washington State. *Teachers College Record*, 116(8), 1–24.

Au, W., & Ferrare, J. J. (2015a). Introduction: Neoliberalism, social networks, and the new governance of education. In W. Au & J. J. Ferrare (Eds.), *Mapping corporate education reform: Power and policy networks in the neoliberal state* (pp. 1–22). Routledge.

Au, W., & Ferrare, J. J. (Eds.). (2015b). *Mapping corporate education reform: Power and policy networks in the neoliberal state*. Routledge.

Au, W., & Hollar, J. (2016). Opting out of the education reform industry. *Monthly Review*, 67(10), 29–37.

Au, W., & Lubienski, C. A. (2016). The role of the Gates Foundation and the philanthropic sector in shaping the emerging education market: Lessons from the US on privatization of schools and educational governance. In A. Verger, C. A. Lubienski, & G. Steiner–Khamsi (Eds.), *The global education industry, 2016 world yearbook of education* (pp. 27–43). Taylor & Francis.

Au, W., & Waxman, B. (2014). The four corners not enough: Critical literacy, education reform, and the shifting instructional sands of the common core state standards. In K. Winnograd (Ed.), *Critical literacies and young learners: Connecting classroom practice to the common core* (pp. 14–32). Routledge.

Augustine, N. R., Lupberger, E., & Orr III, J. F. (1996). *A common agenda for improving education in America* [Position Statement]. Business Roundtable. http://www.businessroundtable. org//taskForces/taskforce/document.aspx?qs=6 A25BF159F849514481138A74EB1851159169FEB56236.

Ayers, R. (2012). An inconvenient superman: Davis Guggenheim's new film hijacks school reform. *Huffington Post*. http://www.huffingtonpost.com/ rick–ayers–/an–inconvenient–superman–_b_716420.html?view=print.

Balingit, M., & Van Dam, A. (2019, December 3). U.S. students continue to lag behind peers in East Asia and Europe in reading, math and science, exams show. *The Washington Post*. https://www.washingtonpost.com/local/education/

us–studentscontinue–to–lag–behind–peers–in–east–asia–and–europe–in–reading–math–and–scienceexams–show/2019/12/02/e9e3b37c–153d–11ea–9110–3b34ce1d92b1_story.html.

Ball, S. J. (2003). *Class strategies and the education market: The middle classes and social advantage.* Routledge.

Ball, S. J. (2012a). *Global education inc.: New policy networks and the neo-liberal imaginary.* Routledge.

Ball, S. J. (2012b). *Policy networks and new governance.* Taylor & Francis.

Ball, S. J., & Junemann, C. (2012). *Networks, new governance and education.* Policy Press.

Barkan, J. (2011). Got dough?: How billionaires rule our schools. *Dissent,* 58(1), 49–57. https://doi.org/10.1353/dss.2011.0023

Barkan, J. (2012). Hired guns on astroturf: How to buy and sell school reform. *Dissent,* 59(2), 49–57.

Berliner, D. C., & Biddle, B. J. (1995). *The manufactured crisis: Myths, fraud, and the attack on America's public schools.* Addison–Wesley.

Boschken, H. (2003). Global cities, systemic power, and upper-middle–class influence. *Urban Affairs Review,* 38(6), 808–830. https://doi.org/10.1177/1078087403252541.

Brosio, R. A. (1994). *A radical democratic critique of capitalist education* (1st ed.). Peter Lang.

Burch, P. (2006). The new educational privatization: Educational contracting and high stakes accountability. *Teachers College Record,* 108(12), 2582–2610.

Burch, P. (2021). *Hidden markets: Public policy and the push to privatize education* (2nd ed.). Routledge.

Bush, G. W. (1999, October 5). *The future of educational reform.* http://www.manhattaninstitute. org/html/bush_speech.htm.

Camera, L. (2021, October 14). *America's kids earn disappointing grades on nation's report card.* U.S. News & World Report. https://www.usnews.com/news/education-news/articles/2021–10–14/americas–kids–earn–

disappointing–grades–on–nations–report–card.

Cavanagh, S. (2013). Demand for testing products, services on the rise. *Education Week*. http://www.edweek.org/ew/articles/2013/10/02/06testing_ ep.h33.html.

Center for Media and Democracy. (2014). *What is ALEC?* ALEC Exposed. http://www. alecexposed.org/wiki/What_is_ALEC%3F.

Chingos, M. M. (2012). *Strength in numbers: State spending on K-12 assessment systems*. The Brown Center on Education Policy at Brookings. http:// www.brookings.edu/~/media/research/files/reports/2012/11/29%20cost%20 of%20assessment%20chingos/11_assessment_chingos_final.pdf.

Cody, A. (2014, December 12). Gates money attempts to shift the education conversation to successes. *Living in Dialogue*. http://www.livingindialogue.com/ money–attempts–shift–education–conversation–successes/.

Cuban, L. (2004). *The blackboard and the bottom line: Why schools can't be businesses*. Harvard University Press.

Darling–Hammond, L. (2007). Race, inequality and educational accountability: The irony of "no child left behind." *Race, Ethnicity, and Education*, 10(3), 245–260.

De Lissovoy, N. (2022). *Capitalism, pedagogy, and the politics of being*. Bloomsbury Academic.

Desilver, D. (2017). *U.S. students' academic achievement still lags that of their peers in many other countries*. Pew Research Center. https://www. pewresearch.org/fact–tank/2017/02/15/u–s–students–internationally–math– science/.

Dumas, M. J. (2013). "Waiting for superman" to save black people: Racial representation and the official antiracism of neoliberal school reform. *Discourse: Studies in the Cultural Politics of Education*, 34(4), 531–547. https://doi.org/10.1080/01596306.2013.822621.

Eisenhart, M., & Town, L. (2003). Contestation and change in national policy on "scientifically based" education research. *Educational Researcher*, 32(7), 31–38.

Emery, K., & Ohanian, S. (2004). *Why is corporate America bashing our public schools?* Heinemann.

Fabricant, M., & Fine, M. (2013). *The changing politics of education: Privatization and the dispossessed lives left behind.* Paradigm Publishers.

Figueroa, A. (2013). 8 things you should know about corporations like Pearson that make huge profits from standardized tests. *AlterNet.* http://www.alternet.org/education/corporations-profit-standardized-tests.

Fraser, S. (1995). *The bell curve wars: Race, intelligence, and the future of America.* Basic Books.

Gates Jr., B. (2009, July 21). *Speech delivered to the national conference of state legislatures.* national conference of state legislatures. http://www.gatesfoundation.org/media-center/speeches/2009/07/bill-gates-national-conference-of-state-legislatures-ncsl.

Greene, P. (2020, January 30). Common core is dead: Long live common core. *Forbes.* https://www.forbes.com/sites/petergreene/2020/01/30/common-core-is-deadlong-live-common-core/?sh=74f9c915e65c.

Haas, E., Wilson, G., Cobb, C., & Rallis, S. (2005). One hundred percent proficiency: A mission impossible. *Equity & Excellence in Education*, 38(3), 180-189.

Hagopian, J. (2015, October 30). Obama regrets "taking the joy out of teaching and learning" with too much testing. *Common Dreams.* http://www.commondreams.org/views/2015/10/30/obama-regrets-taking-joy-out-teaching-and-learning-too-much-testing.

Haney, W., Madaus, G., & Lyons, R. (1993). *The fractured marketplace for standardized testing.* Kluwer.

Hart, R., Casserly, M., Uzzell, R., Palacios, M., Corcoran, A., & Spurgeon, L. (2015). *Student testing in America's great city schools: An inventory and preliminary analysis.* Council of the Great City Schools. https://www.cgcs.org/cms/lib/DC00001581/Centricity/Domain/87/Testing%20Report.pdf.

Hartong, S. (2016). New structures of power and regulation within "distributed" education policy – the example of the US common core standards initiative. *Journal of Education Policy*, 31(2), 213-225. https://doi.org/10.1080/02680939.2015.1103903.

Harvey, D. (2004). The "new" imperialism: Accumulation by dispossession. *Socialist Register*, 40, 63–87.

Harvey, D. (2007). Neoliberalism as creative destruction. *Annals of the American Academy of Political and Social Science*, 610, 22–44.

Herrnstein, R. J., & Murray, C. A. (1996). *The bell curve: Intelligence and class structure in American life* (1st Free Press pbk.). Simon & Schuster.

Hinchey, P. H., & Cadiero-Kaplan, K. (2005). The future of teacher education and teaching: Another piece of the privatization puzzle. *Journal for Critical Education Policy Studies*, 3(2). http://www.jceps.com/?pageID=aricle&articleID=48.

Hiss, W. C., & Franks, V. W. (2014). *Defining promise: Optional standardized testing policies in American college and university admission.* Bates College. https://www.google.com/url?sa=t&rct=j&q=&esrc=s&source=web&cd=&ved=2ahUKEwjE94PewMDzAhVFGDQIHWUSBTwQFnoECA8QAQ&url=https%3A%2F%2Fwww.luminafoundation. org%2Ffiles%2Fresources%2Fdefiningpromise.pdf&usg=AOvVaw1xWU2SsIR4ikUjl RyzRo-0.

Jackson, J. M., & Bassett, E. (2005). *The state of the K-12 state assessment market.* Eduventures.

Jennings, J. F. (2000). Title I: Its legislative history and its promise. *Phi Delta Kappan*, 81(7), 516–522.

Jones, G. M., Jones, B. D., & Hargrove, T. Y. (2003). *The unintended consequences of highstakes testing.* Rowman & Littlefield Publishers, Inc.

Kamanetz, A. (2015, March 11). Five reasons standardized testing isn't likely to let up. *The Answer Sheet.* https://www.washingtonpost.com/news/answer-sheet/wp/2015/03/11/five-reasons-standardized-testing-isnt-likely-to-let-up/.

Karp, S. (2006). Band-Aids or bulldozers?: What's next for NCLB. *Rethinking Schools*, 20(3).

Karp, S. (2014). The problems with the common core. *Rethinking Schools*, 28(2). http://www.rethinkingschools.org/archive/28_02/28_02_karp.shtml.

Karp, S. (2016). ESSA: NCLB repackaged. *Rethinking Schools*, 30(3). http://www.rethink ingschools.org/archive/30_03/30-3_karp.shtml.

Kornhaber, M. L., & Orfield, G. (2001). High-stakes testing policies: Examining their assumptions and consequences. In G. Orfield & M. L. Kornhaber (Eds.), *Raising standards or raising barriers?: Inequality and high-stakes testing in public education* (pp. 1–18). Century Foundation Press.

Kretchmar, K., Sondel, B., & Ferrare, J. J. (2014). Mapping the terrain: Teach for America, charter school reform, and corporate sponsorship. *Journal of Education Policy*, 29(6), 742–759. https://doi.org/10.1080/02680939.2014.8 80812.

Kumashiro, K. (2012, May–June). When billionaires become educational experts: "Venture philanthropists" push for the privatization of public education. *Academe*. http://scholar.google.com/scholar?start=10&q=educati on+reform+billionaire+philanthropy+%22gates+foundation%22&hl=en&as_ sdt=0,48.

Layton, L. (2014, June 7). How Bill Gates pulled off the swift common core revolution. *The Washington Post*. http://www.washingtonpost.com/politics/ how-bill-gates-pulledoff-the-swift-common-core-revolution/2014/06/07/ a830e32e-ec34-11e3-9f5c-9075d5508f0a_story.html.

Lazarin, M. (2014). *Testing overload in America's schools*. Center for American Progress. https://cdn.americanprogress.org/wp-content/ uploads/2014/10/LazarinOvertesting Report.pdf.

Lee, J. (2006). *Tracking achievement gaps and assessing the impact of NCLB on the gaps: An in-depth look into national and state reading and math outcome trends* (p. 80). Harvard Civil Rights Project. http://civilrightsproject. harvard.edu.

Linn, R. L. (2003, July). *Accountability, responsibility and reasonable expectations*. Center for the Study of Evaluation, National Center for Research on Evaluation, Standards, and Student Testing, Graduate School of Education & Information Studies, University of California. http://www.cse.ucla.edu/products/ reports_set.htm.

Lipman, P. (2011). *The new political economy of urban education: Neoliberalism, race, and the right to the city*. Routledge.

Liston, D., Whitcomb, J., & Borko, H. (2007). NCLB and scientifically-based research. *Journal of Teacher Education*, 99–107.

Mathis, W. J. (2010). *The "common core" standards initiative: An effective reform tool?* Education and the Public Interest Center & Educational Policy Research Unit. https://nepc. colorado.edu/publication/common-core-standards.

Mathis, W. J., & Trujillo, T. M. (2016). *Lessons from NCLB for the every student succeeds act.* National Education Policy Center. http://nepc.colorado.edu/publication/lessons-from-NCLB.

Mayorga, E., Aggarwal, U., & Picower, B. (Eds.). (2020). *What's race got to do with it: How current school reform policy maintains racial and economic inequality* (2nd ed.). Peter Lang.

Metcalf, S. (2002, January 28). Reading between the lines. *The Nation.*

Mirza, S. A., & Bewkes, F. J. (2019, July 29). *Secretary DeVos is failing to protect the civil rights of LGBTQ students.* Center for American Progress. https://www.americanpro gress.org/issues/lgbtq-rights/reports/2019/07/29/472636/secretary-devos-failingprotect-civil-rights-lgbtq-students/.

Murphy, P., Regenstein, E., & McNamara, K. (2012). *Putting a price tag on the common core: How much will smart implementation cost?* Thomas B. Fordham Institute. http://www. edexcellence.net/publications/putting-a-price-tag-on-the-common-core.html.

NASSP. (2021, June 2). *Biden's FY 2022 budget - and what it means for education funding.* NASSP – National Association of Secondary Principals. https://www.nassp. org/2021/06/02/bidens-fy-2022-budget-and-what-it-means-for-education-funding/.

National Center for Educational Statistics. (2013). *Digest of educational statistics: 2012* (NCES 2014–015). U.S. Department of Education, Institute of Educational Sciences, National Center for Educational Statistics. www.nces.gov/programs/digest/d12/.

National Center for Educational Statistics. (2020). *Enrollment in public elementary and secondary schools, by region, state, and jurisdiction: Selected years, fall 1990 through fall 2029.* Digest of Education Statistics. https://nces.

ed.gov/programs/digest/d20/tables/dt20_203.20.asp.

National Commission on Excellence in Education. (1983). *A nation at risk: The imperative for educational reform* (p. 65). United States Department of Education.

National Research Council. (2011). *Incentives and test-based accountability in education* (M. Hout & S. W. Elliott, Eds.). Board on Testing and Assessment, Division of Behavioral and Social Sciences and Education, Committee on Incentives and Test-Based Accountability in Public Education.

Nichols, S. L., & Berliner, D. C. (2007). *Collateral damage: How high-stakes testing corrupts America's schools*. Harvard Education Press.

Persson, J. (2015). *Pearson, ETS, Houghton Mifflin, and McGraw-Hill lobby big and profit bigger from school tests*. Center for Media and Democracy's PR Watch. https://www. sourcewatch.org/images/b/bc/Pearson_ETS_Houghton_Mifflin_and_McGraw-Hill_Lobby_Big_and_Profit_Bigger.pdf.

Peters, J. (2015, July 15). Judge dismisses PARCC bid-rigging lawsuit. *NM Political Report*. https://nmpoliticalreport.com/2015/07/15/judge-dismisses-parcc-protest-education/.

Ravitch, D. (2010). *The death and life of the great American school system: How testing and choice are undermining education* (e-book). Basic Books.

Ravitch, D. (2013). *Reign of error: The hoax of the privatization movement and the danger to America's public schools*. Alfred A. Knopf.

Rich, M. (2013). NewSchools fund attracts more capital. *The New York Times*. http://www.nytimes.com/2013/05/01/education/newschools-venture-fund-links-withrethink-education.html?ref=education&_r=1&.

Sacks, P. (1999). *Standardized minds: The high price of America's testing culture and what we can do to change it*. Perseus Books.

Saltman, K. J. (2009). The rise of venture philanthropy and the ongoing neoliberal assault on public education: The case of the Eli and Edythe broad foundation. *Workplace, 16*, 53–72.

Samuel, L. R. (2014). *The American middle class: A cultural history*. Routledge.

Schneider, M. (2014, April 23). Those 24 common core 2009 work group members. *Deutsch29*. https://deutsch29.wordpress.com/2014/04/23/those-24-common-core-2009-work-group-members/.

Scott, J. T. (2009). The politics of venture philanthropy in charter school policy and advocacy. *Educational Policy*, 23(1), 106-136. https://doi.org/10.1177/0895904808328531.

Scott, J. T., & Jabbar, H. (2014). The hub and the spokes: Foundations, intermediary organizations, incentivist reforms, and the politics of research evidence. *Educational Policy*, 28(2), 233-257.

Smith, M. L. (2004). *Political spectacle and the fate of American schools*. RoutledgeFalmer.

Stovall, D. (2020). Mayoral control: Reform, whiteness, and critical race analysis of neoliberal educational policy. In E. Mayorga, U. Aggarwal, & B. Picower (Eds.), *What's race got to do with it?: How current school reform policy maintains racial and economic inequality* (2nd ed., pp. 113-128). Peter Lang.

Strauss, V. (2016, June 2). Gates foundation chief admits common core mistakes. *The Answer Sheet*. https://www.washingtonpost.com/news/answer-sheet/wp/2016/06/02/gatesfoundation-chief-admits-common-core-mistakes/.

Tampio, N. (2015, March 24). For Pearson, common core is private profit. *Aljazeera America*. http://america.aljazeera.com/opinions/2015/3/for-pearson-common-coreis-private-profit.html.

Toch, T. (2006). *Margins of error: The education testing industry in the no child left behind era* (p. 23). Education Sector. http://www.educationsector.org.

Underwood, J., & Mead, J. F. (2012). A smart ALEC threatens public education. *Education Week*. http://www.edweek.org/ew/articles/2012/03/01/kappan_underwood.html.

U.S. Department of Education. (2002). *No child left behind: A desktop reference*. U.S. Department of Education, Office of the Under Secretary. Educational Resources and Information Center (ERIC).

U.S. Department of Education. (2009). *Race to the top program executive summary*. U.S. Department of Education.

U.S. Department of Education. (2021). *U.S. department of education confirms title IX protects students from discrimination based on sexual orientation and gender identity*. U.S. Department of Education. https://www. ed.gov/news/press–releases/us–department–educationconfirms–title–ix–protects–students–discrimination–based–sexual–orientation–andgender–identity.

Vasquez Heilig, J. (2014). Dewey, testing companies, and the origin of the common core. *Cloaking Inequality*. http://cloakinginequity.com/2014/10/21/dewey–testingcompanies–and–the–origin–of–the–common–core/.

Vicens, A. J. (2014, September 4). Bill Gates spent more than $200 million to promote common core. Here's where it went: The Gates foundation has bankrolled a sprawling network of groups to advance the standards. *Mother Jones*. http://www.motherjones. com/politics/2014/09/bill–melinda–gates–foundation–common–core/.

Weiss, E. (2013). *Mismatches in race to the top limit educational improvement: Lack of time, resources, and tools to address opportunity gaps puts lofty state goals out of reach*. Economic Policy Institute & Broader, Bolder Approach to Education. https://www.epi.org/publication/race–to–the–top–goals/.

Weiss, E., & Long, D. (2013). *Market-oriented education reforms' rhetoric trumps reality: The impacts of test-based teacher evaluations, school closures, and increased charter-school access on student outcomes in Chicago, New York City, and Washington, D.C.* Broader, Bolder Approach to Education. https://www.boldapproach.org/rhetoric–trumps–reality.

Wong, K. K. (2020). Education policy Trump style: The administrative presidency and deference to states in ESSA implementation. *Publius: The Journal of Federalism*, 50(3), 423–445. https://doi.org/10.1093/publius/pjaa016.

Zeichner, K. M., & Pena–Sandoval, C. (2015). Venture philanthropy and teacher education policy in the U.S.: The role of the new schools venture fund. *Teachers College Record*, 117(6). http://www.tcrecord.org.

3

第三章

标准化考试和资本主义学校教育的生产

从上一章可以清楚地看出，新自由主义观点把学校当作企业，把教育视为自由市场中的竞争，高利害标准化考试和新自由主义观点之间的联系千丝万缕。虽然第二章主要关注的是《处于危险中的国家：教育改革势在必行》发布后的教育改革时代，但在100多年前美国大众公共教育发展之初，推动其发展的就是资本主义和考试工具。我将在本章讲述这段历史，分析在按照资本主义生产方式建设学校的过程中，标准化考试如何以及为何变成了教育评估的主要工具。

智商测试与优生学

许多人不知道现代高利害标准化考试实际上源自法国。1904 年，法国心理学家阿尔弗雷德·比奈（Alfred Binet）受法国政府委托，开发一种评估幼童是否患有轻度发育障碍的方法。他根据自己的研究结果开发了"比奈智力量表"，通过儿童相对实际年龄的智力发展水平来进行评估，用心智年龄除以实际年龄，就得出了"智商"，也就是 IQ 值。比奈对测试在什么情况下使用有非常具体且相对温和的条件：

- 对象为年幼的儿童，纯粹是一种实用工具，比奈的概念与任何遗传或先天智力无关。
- 是一般决策的通用工具（不是为精确决策所做的精确测量）。
- 比奈从未打算用其评估发育"正常"的儿童。
- 使用它的目的是表明一个孩子在智力发展方面可能需要更多帮助。

尽管比奈这个量表的最初意图和用途很明确，但 IQ 测试的概念却被美国的认知心理学家所利用，通过这种测试形式来支持他们自己关于人类和人类能力的基本假设。通过戈达德（Goddard）、特曼（Terman）和耶基斯（Yerkes）等心理学家的研究，智力被看成是有生物学根源、可遗传，以及不会变化的指标，这为开展测试奠定了基础，根据假定的先天智力水平对不同的人按种族、民族、性别和阶级进行划分和排名。

在美国，耶基斯在这个过程中起到了特别重要的作用。1917 年，作为负责第一次世界大战期间 175 万新兵心理测试的心理学家，陆军上校耶基斯与戈达德、特曼等人合作开发了陆军甲种和乙种测试，用来给新兵分等级，并确定他们的"心理健康程度"。耶基斯利用测试所得的令人难以置信的庞大数据库得出了几个可疑的结论。第一，根据他对陆军测试结果的解释，美国成年白人的平均心智年龄为 13 岁。第二，欧洲移民的智力水平可以根据原国籍来判断：东欧和南欧肤色较深的人不如皮肤较白的西欧和北欧人聪明。第三，非裔美国人是所有民族中最不聪明的。特曼自己的测试也得出了类似的结果。正如卡里（Karier）所解释的那样，此类测试本身就带有根深蒂固的偏见：

特曼根据假定的渐进难度设计了斯坦福–比奈智力测验的问题，这些问题的难度逐级增加，他认为能否回答这些问题对未来不断攀登职级阶梯非常关键。然后他发现，根据他的测试结果，不同职业阶层的智力水平符合他的职业上升等级。难怪会有智力反映社会阶层的偏见，事实上，其基础是社会阶级秩序。

有了他们的结果，这些经过调整的 IQ 测试自然就在美国优生运动中找到了沃土。优生学这门伪"科学"后来被揭穿，它将特定的人类行为和属性附加到遗传和生物标记上，基本上就是用孟德尔（Mendel）遗传定律的错误解释来论证人之所以贫穷、犯罪或不够聪明（或富有或聪明），是他们基因构成如此。从时间上来看，优生学运动的兴起与那个历史时期美国政治发生的巨变密切相关。正如斯托斯考夫（Stoskopf）所解释的那样：

优生学发展的动力源自美国中上层白人的恐惧。20 世纪初，美国正经历着快速的社会和经济变革。国家的工业化和城市化程度进一步提高，数以百万计来自南欧和东欧的贫穷移民涌向美国，想寻求更好的生活。与此同时，数以千计的非裔美国人开始从种族隔离的南方向北部城市大规模迁移。就业竞争加剧了现有的阶级和种族摩擦。

优生学理论是美国 30 个州通过的强制绝育法的基础，影响了 1924 年《移民和限制法案》（*Immigration and Restriction Act*）所用的语言。当时的总统卡尔文·柯立芝（Calvin Coolidge）宣称，"美国人必须保持本色。生物学规律表明，北欧人与其他种族所生的后代素质会下降"。当时的优生学家认为由于穷人和"蠢人"无节制地繁殖，美国人的平均智力水平正在下降，种族混合让所谓的非裔美国人和移民的低智商蔓延开来，耶基斯、特曼和其他人的研究发现自然就被用来支持这些优生学家的观点。然而优生学和 IQ 测试不是优生学家唯一的武器，他们还在教育和社会领域的社会效率和科学管理运动中找到了"志同道合"的伙伴。

教育领域的社会效率与科学管理

在 20 世纪初期，在工作场所和社会实现更激进民主、以工人阶级为中心的愿景的愿望越来越强烈。在此期间，资本利益与反叛的大众劳工组织运动进行了一场持久战。当时，公立学校的规模和社会影响力迅速扩大。公立学校变成了斗争的场所，教育界领袖对教育的目标、方向和方法提出了不同看法。对这一时期的研究——尤其是约翰·富兰克林·博比特（John Franklin Bobbitt）的研究——有助于在此说明教育标准化体系如何为加强对教育过程的控制创造了条件，以及如何为标准化考试的兴起奠定了基础。

根据克利巴德（Kliebard）的说法，没有人"比约翰·富兰克林·博比特更能体现科学课程设置的精神"，因为他是"为课程发展指明了方向的人"。博比特先是于 1909 年受聘到芝加哥大学教育系任教，1910 年升为教育管理学讲师，不久之后，发表了他的第一篇论文《消除教育中的浪费》（*The Elimination of Waste in Education*），开启了他作为课程领域领导者的职业生涯。博比特在课程研究史上的重要性在于他将弗雷德里克·泰勒（Frederick Taylor）的工厂生产科学管理理念应用于教育系统。对泰勒来说，生产能否高效，取决于工厂经理的能力，他必须能够收集其职责范围内所有可能收集的信息，根据"科学"方法对其进行系统分析，找出工人完成个人任务最有效的方法，然后准确地告诉工人如何有序地开展生产。正如诺布尔（Noble）所说，科学管理确保了"对生产过程的管理控制，并为工作的系统重组奠定了基础"。科学管理也成为所谓的"社会效率运动"的支柱。在泰勒主义的"科学"支持下，这一运动被认为可以发现和减少社会和政府中的浪费，社会秩序将源于经过仔细研究的"科学"规划系统。

博比特关于教育领域社会效率的愿景所体现的一系列概念反映出了泰勒对工业科学管理的看法。根据博比特的说法，教育领域的效率建立在预先确定的目标之上，这些目标从根本上推动了整个教育过程：

决定学生学习过程的除了目标还是目标，课程完全由目标所组成。然后，这些目标又决定了教师要采用什么具体教学方法，以及需要提供哪些具体物质支持、工具和机会。这些反之又决定了监督、监督组织的性质、资金的数量，以及实现预期结果所涉及的各种其他职能。最后，又是由具体目标提供了评估结果的参照标准。我们正在努力将科学方法引入教育领域的各个方面，但很显然，由于这些因素之间相互影响，除非我们在认真仔细地确定目标时就奠定坚实的基础，否则就永远无法在整个领域开发科学流程。

在博比特的模型中，学生的目标以"根据他们的社会和职业命运"所预测的未来的社会和经济生活为基础，学生是否达到了这些目标则将通过建立标准来衡量。与泰勒主义相同，在博比特的教育愿景中，管理者的工作是收集有关教育过程的所有可能的信息，以便教师找到最佳方法，确保学生达标。

他解释说：

科学管理的革命性新学说毫不含糊地指出，管理者在决定适当方法方面发挥主要作用……因此，根据科学管理原则，以指挥和指导为主要职责的管理者必须专注与指挥和指导最相关的事情，即与过程相关的科学。

教师必须遵循其管理者确定的方法，因为根据博比特的说法，他们无法自行确定最佳方法：

> 寻找最佳方法的重担太大、太复杂，不能放在教师肩上。工人——即教育领域的教师——只能是通过劳动生产产品的专家。

最后，校长和其他管理者应该通过考试来确定教师的"良""莠"，以及工资水平或其他福利。因此，博比特以一种非常简单明了的方式将工业隐喻映射到学校。学生是"原材料"，将根据他们未来的社会地位打造成成品。教师是采用最有效方法让学生达到预定标准和目标的工人。管理者是在生产过程中决定并指示教师哪些方法最有效的经理。学校则是这个过程发生的工厂流水线。

然而，应用科学管理原则不仅仅是要变革学校的组织和管理，它还提供了定义课程核心内容的技术控制逻辑。正如克利巴德所解释的那样：

> 科学管理技术的运用远远超出了泰勒思想在学校管理中

的应用，它最终提供了一种语言，也就是一种可以形成强大课程开发方法的新概念工具……那些创立新学说的教育领袖毫不掩饰其理念的根源，显然自觉地遵循了泰勒主义的原则，努力让课程成为未来公民生活中一股直接而强大的力量。

根据这种"科学的"社会高效教育的逻辑，推动教育过程（产生受过教育的学生的过程）的唯一驱动力就是最终达到预定目标或标准。因此，教育的各个方面都必须服务于教育过程的目的，否则就会出现低效或浪费。因此，这种模式下的学生的学习完全是基于预定目标，教师通过行政管理者预定的"科学"方法来传授内容，然后通过考试来评估是否达到了预定学习内容的目标。目的决定手段。这种逻辑被称为"手段–目的理性关联"，它假设"决定怎么教和教什么等相关问题是一个技术活，最好留给相关方面的技术专家，由他们来确定最适合特定目标的方法和内容"。

手段–目的理性关联对美国课程内容和学生学习的形式产生了巨大影响。正如克利巴德所解释的那样：

博比特和他同时代的人将科学的精确性应用于课程规划过程，意义巨大。首先，他们制定了说明课程目标的标准程序；其次，具体学科不再是课程的核心特色，而是沦为实现目标的手段。

这种精确性让学校可以将课程分解为可以提前确定的小单元，以线性方式展开教学，并且也易于评估，这些是现代教师所熟知的做法。因此，"课程开发变成了一种标准化方法，并期望通过这种方法实现预定的特定结果"。转向手段-目的合理化了的课程也极大地影响了师生与教育过程的关系，它将师生与他们自己的创造力和求知欲剥离开来，让他们失去了人性。因此，克利巴德认为：

教育和工业一样，产品的标准化也意味着工作的标准化。教育活动原本可能具有有机整体性和重要意义，但如今其意义仅体现在能否高效生产最终产品。与工业一样，在效率祭坛上膜拜的代价是工人与工作的疏离，对那些在企业中工作的人来说，企业的连续性和完整性遭到了破坏。

此外，将科学管理原则运用在教育中之后，行政管理层从作为工人的教师手中夺取了大量权力，因此可以持续控制教学过程，并加强对教师教学的监督。

课程的手段-目的理性关联也维护并合理化了社会经济分层，理直气壮地倾向于社会工程①的社会高效课程只会教给学

---

① 社会工程是社会科学中的一门学科，是指通过政府、媒体或私人团体大规模影响特定目标人群的态度和社会行为，以便在目标人群中产生所需的特性。社会工程也可以从哲学上理解为一种实现新的社会建构的意图和目标的确定性现象。——译者注

习者在未来生活中将扮演的角色所要用到的信息。社会高效课程的开发包括对学生未来的"科学"评估和预测，以及根据预测制定适当的教学内容，因为学生学习任何超出其预定生活角色所需的东西都会被认为是浪费。克利巴德说：

与科学课程设置相伴而生的一个重要内容是课程差异化，即根据某些特征针对不同群体制定不同课程。这些标准包括一些对天生的智力、可能的前途（特别是一个人是否注定能上大学），甚至是所属社会阶层做出判断的标准。通过这种方式，可以直接针对一个人在成年后的生活中需要从事的活动来设计课程。

社会高效课程巩固了不平等的现状。一个人及其家人现在所做的工作仅仅是他们在现有社会经济关系中需要他们做的工作。在这种逻辑下，如果每个人都发挥自己应有的作用，社会就会取得进步，沿着最有效的路线发展。在这种新"科学"的支持下，人们认为课程可以在不稳定的地方创造社会稳定，并且在培养学生方面也可以更具成本效益。

特曼自己的话或许最能概括这种把智力、考试、优生学、社会效率和教育整合起来的做法。他在《智力的测量》（*The Measure of Intelligence*）一书中写道：

工人女仆中，像这样（低能）的人不计其数。他们是这世上"劈柴担水之人"。对于他们的智力水平，测试给出了实话。接受再多的学校教育也无法让他们变成真正聪明或有能力的选民。

迪克森（Dickson）在他的著作《智力测试与课堂教师》（*Mental Tests and the Classroom Teacher*）中呼应了特曼的观点：

> 由于智力低下是造成学业失败的主要原因，而且所有研究都表明人的 IQ 相对稳定，我们只能得出这样的结论：小学阶段成绩不好的主要原因无法消除……整体成绩不好不是由于教学质量差、健康状况不佳或出勤率低，而是由于缺乏能力。

事实上，值得注意的是，这个背景同样也催生了现代的学生学业跟踪政策。学校根据这些政策对儿童进行测试，根据结果把他们安排在特殊课程或不同的学习项目中（例如，"天才班""荣誉课程""高能力班""AP 课程"）。为此，特曼提出了四个学生等级："低能""迟钝""一般""高智"。

这里至少有两方面很重要。一方面，博比特的教育愿景远非特例。史内登（Snedden）、古柏莱（Cubberley）、桑代克（Thorndike）和斯伯丁（Spaulding）等其他教育领袖也公开提倡同样的具有资本主义生产意识的教育改革。例如，当时在斯坦福大学任教授的古柏莱（Cubberley）提出：

从某种意义上说，学校就像是工厂，我们在这里对初级产品（儿童）进行加工塑造，将其变成能够满足生活各种需求的产品。制造业的规范来自20世纪文明的需求，而学校的职责就是按照这些规范来培养学生。

对于另一方面我将在本章后面展开更彻底的讨论，但在此我要说的是到了近100年后的今天，社会效率和工业资本主义生产形式仍对当今学校产生影响。只要看一看典型综合性高中的组织方式就明白了。在这些学校里学生被集中安置，按照固定的节奏（一节课、一学期）去不同的教室大班上课，成绩单上的学分逐渐累积，在教育流水线的终点宣布学生变成了成品，颁发文凭（检验合格书），学生毕业。

完美的分层工具

由于标准化考试在划分人群方面非常好用，因此非常适合将优生学、社会效率和教育科学管理相结合的环境。正如萨克斯（Sacks）所解释的那样：

意识形态……打着……管理和社会效率的幌子，推动了这些对新兵、学童和渴望接受大学教育的人进行考试的大型社会实验。考试成为早期试图在智力方面区分良莠的工具。

学校需要一种根据所谓与生俱来的智力水平对学生进行分组和排名的方法，从而让他们为未来"适当的"社会角色做好准备，这与博比特的效率论如出一辙。穷人、非裔美国人以及肤色较深的南欧和东欧人被认为智力水平较低，这种看法恰恰能向这些研究人员证明，考试准确地反映了每个群体在现有社会和经济等级制度中的位置。和泰勒主义的原则一样，标准化 IQ 测试很快就进入了教育机构。正如泰雅克（Tyack）所解释的那样：

智力测验和其他评测形式提供了划分儿童的技术。知识分子的科学期刊中可能充斥着有关先天后天孰重孰轻的争议，但学者们发现 IQ 测试是分流学生的宝贵手段，通过分流学生，他们让 IQ 变成了自我实现的预言。

1845 年，时任马萨诸塞州教育委员会秘书的霍勒斯·曼（Horace Mann）负责公立学校中一些最早的标准化考试。对他来说，通过这些考试有望得出一种更有效、更标准化、更可靠的学生学习评估方式。开发考试以衡量学校效率的趋势一直持续到 20 世纪初期。1911 年，美国国家教育协会（National Education Association）成立了学校和学校系统的考试和效率标准委员会（Committee on Tests and Standards of Efficiency in Schools and School Systems）。到 1913 年，该委员会已经开发出了一些书写和算术考试，并开始在部分学校推广使用。

　　特曼当时是斯坦福大学心理学教授。1919 年，前面提到的军队考试被改编为针对学童的国家智力测验，特曼在美国国家科学院（National Academy of Sciences）的资助下，在这方面发挥了关键作用。到 1920 年，这个测试的试卷在全国范围内已售出超过 40 万份。特曼和其他人还在 1922 年开发了斯坦福评定测验，到 1925 年年底，根据他提供的数据，该考试的销量接近 150 万份。此外，1925 年对 215 个人口过万的城市的调查发现，其中 64% 的城市用智力测验对小学生进行分班，56% 的城市用智力测验划分初中生，41 个城市用智力测验划分高中生。1926 年完成的另一项针对人口过万城市学区负责人的调查也得出了类似的结果。特曼后来又开发了自己的智力测验——特曼分组测验，世界图书公司（World Book Company）在营销活动中称，到 1928 年，该测验年销售量超过 77.5 万份。到 1932 年，美国 150 个大城市学校体系中已有 112 个已经开始根据智力测验结果给学生分班，大学也开始使用这些考试来作为录取的依据。

　　在博比特和其他人将科学管理引入教育的同一时期，智力测验、优生学和标准化考试的作用越来越凸显，这一切绝非巧合。就考试的政治经济学起源而言，比斯莱特（Bisseret）认为，人们越来越倾向于认为基因决定能力，并用考试来衡量这种能力，这个转变过程也是资产阶级在资本主义生产中上升为统治阶级的过程。根据比斯莱特的说法：

天生不平等的意识形态是由一个在获得经济权力之后又获得了政治权力的社会阶级所构想并提倡的，它借鉴了颅骨测量学、人体测量学、生物学、遗传学、心理学和社会学……的要素来证实其主张，并逐渐转化为科学真理。正是通过这种方式，它能将自己强加于所有相信能力和天赋并以进步和科学为意识形态的社会群体。

因此，我们可以看到考试兴起的同时也伴随着美国工业资本主义的兴起，以及种族、阶级和性别等级制度的建立。此外，根据著名课程理论家的说法，博比特自己断言，教育标准应基于学生的"天赋能力"，课程设计也应反映这种能力。博比特还积极参与优生学运动，除了深信"能力天赋"，在他的文章《实用优生学》（Practical Eugenics）中，他感叹对那些他认为基因不好的孩子无能为力。博比特和其他所见略同的人认为他们在教育和课程方面的工作与美国优生学运动中更具种族主义、阶级主义和本土主义的社会工程直接相关。当然，我们知道仅凭几位教授之力难以扭转美国教育的方向，所以我们还必须认识到，使用标准化考试对学生进行评估、分组、排名和跟踪的做法使用的是资本主义逻辑，这种逻辑也因校园外的强大力量而获得认同。

资本主义学校教育的制度化

在 19 世纪末和 20 世纪初期，公共教育在很大程度上是分散管理的，由地方学区教育委员会负责，所以还有一个重要的问题需要回答：与资本主义生产有关的商业模式如何在美国公共教育中占得了一席之地呢？库班指出，学校在这一时期接受了商业化改革的主要原因有以下三个：①美国人普遍认为，受教育越多，个人在经济上就会越成功，国家也就会更繁荣（不论在本国还是全球都是如此）；②公民和商业领袖一直将教育视为解决国家问题的一个途径；③在决定地方政策方面握有重权的地方学区教育委员会由选举产生。作为民选领导人，对资金充足、组织良好的社区成员——尤其是商界——的呼声，委员会成员会做出积极响应。

显然，库班的论点是有一定道理的，许多美国人一直都持有一个常识性信念，即一个人受的教育越多，经济上就越成功。这种信念有一部分基础来自美国的尚贤理念，即个人之间可以自由竞争（一部分是通过教育来实现的），最努力的人会获得最大的个人和经济回报。而且 100 多年来，商界领袖和民选官员一直坚称教育系统是开展社会改革的地方。虽然库班的第三个理由确实更有道理，但前两个理由却不太充分，因为它们对根据资本主义生产逻辑塑造教育的社会条件和经济问题没有做任何实质性的讨论。我认为有 4 个主要的社会和经济过程共同导致了工业资本主义生产教育模式的制

度化，其中一个与库班的一些分析相吻合，而他的分析遗漏
了其他三个。

生产隐喻在教育中占主导地位的原因之一是19世纪末和
20世纪初的社会和教育背景，这是库班的解释中的一个明显
的疏漏。例如，作为社会效率运动的延伸，公众向学校和其
他大型机构施加巨大压力，要求它们在财政紧缩和经济不稳
定时期减少浪费。资本主义教育生产模式制度化的另一个相
关原因是这一时期教育中规模经济的发展。例如，在19世纪
80年代，公共教育发展迅速，北部各州免费公立高中的入学
人数已经超过私立学校。1865年至1900年，1400万移民进
入美国，1900年之后的几年里，每年都有100万移民进入美
国。据估计，在1890年至1917年，美国人口几乎翻了一番，
仅在20世纪的头十年就有900万移民进入美国。1920年至
1930年，公立学校的入学人数增加了22%，从2330万增加
到2830万。新移民不断涌入，在校人数逐年增加，学校规模
不断扩大。因此，早在1910年，公立高中的普遍政策就是让
学生每天上五六节课，每节课45到60分钟，这与为提高效
率而让产品沿工厂生产线移动的做法相类似。学校规模扩大
了，教学负担也相应增加，高中教师通常每天要给150到200
名学生上课，每班平均30至34名学生。大众教育对教育机
构的能力提出了巨大需求，从纯粹的实用主义角度来看，工
厂那种生产方式是满足这种需求的方式之一。

在公共教育领域采取社会效率措施的另一个原因是出于

社会控制的需要。19 世纪 80 年代至 20 世纪 20 年代期间，围绕工人权利展开了大规模斗争，工业资本家在生产和社会领域确立了越来越多的控制。调查一下这一时期的劳工组织和纠纷的数量就可以说明我的观点。在 19 世纪七八十年代，美国劳工联合会（American Federation of Labor）和各种铁路兄弟会在劳资斗争中诞生。在 1886 年的秣市骚乱（Haymarket Riot）① 期间，警察对工人暴力相向，进一步激发了劳工组织起来反对国家镇压的决心。19 世纪 90 年代还发生了几次大规模罢工，包括普尔曼（Pullman）② 和霍姆斯泰德（Homestead）大罢工 ③，多名工人丧生。在世纪之交，工人罢工有增无减。1900 年、1902 年和 1912 年矿工联合会（United Mine）工人罢工，1907 年西部矿工联合会（Western Federation of Miners）罢工。1909 年，铁路车辆冲压公司（Pressed Steel Car Company）

---

① 又称秣市屠杀、秣市惨案，是发生于 1886 年的一场美国大规模工人集会，包括随后发生的爆炸案在内的一系列事件。惨案前一天，警方杀害了多位麦考米克收割机公司的工人，为了对此做出回应并支持为争取八小时工作制而罢工的工人，惨案当天举行了示威集会。最初这是一场和平游行，一位不明人士在警方即将驱散群众的时候，向警方投掷了炸弹。炸弹爆炸及随后的一系列枪击造成七名警察以及至少四名民众死亡，另有多人受伤。——译者注
② 普尔曼大罢工是美国在 1894 年 5 月 11 日的全国性铁路罢工行动，最终对美国劳动法产生了巨大影响。——译者注
③ 始于 1892 年 7 月 1 日，最终于 1892 年 7 月 6 日在罢工者和私人保安人员之间展开了一场战斗，是美国劳工史上的一个关键事件。——译者注

工人罢工，国际女装工人协会（International Ladies Garment Workers）也开展了罢工活动。通用电气公司工人于 1913 年袭击了位于斯克内克塔迪的工厂，西屋电气（Westinghouse）工人于 1915 年袭击了位于匹兹堡的工厂。工人们还在 1909 年和 1912 年参与了华盛顿州斯波坎、加利福尼亚州弗雷斯诺和圣地亚哥的言论自由斗争。此外，波士顿警方罢工、西雅图总罢工和美国钢铁工人大罢工都发生在 1919 年。在国内的工人组织运动期间，1917 年俄罗斯发生了十月革命，进一步加强了全世界工人阶级的力量。越来越多的移民涌入美国，加上工人越来越主张对自己的劳动过程及其所生产的产品有所控制，工业资本家试图通过促进科学管理来加强对劳动力的控制。同样，公立学校在社会动荡时期对劳动人民的社会化影响越来越大，在塑造高效及因此更为稳定的新社会方面发挥着核心作用。

我们可以在课程领域的专业人士阶层中发现在教育中采用和实施资本主义生产模式的另一个原因。这些专业人士和博比特一样，其职业生涯建立在教育"工程师"技术专长的基础之上。这些工程师（课程和工业工程师）努力确立起自己作为生产过程必要组成部分的地位，这一过程也反映了泰勒主义和工业资本主义普遍兴起的过程（与我在上一章里讨论的新专业管理中产阶层的兴起非常类似）。梅克辛斯（Meiksins）解释说，大规模资本主义生产的出现让 19 世纪半独立小作坊里技术娴熟的工程师陷入了两难境地。随着小作坊在工业资本主义日益壮大的阴影下逐渐消失，这些工程师开始失去自主权，越来越多地受雇于需要他们的技术专长的大型生产企业。这种变化改变了工程师的角色，让他们

从一个小机械作坊的老板转变为大型资本主义组织的雇员。他（们）已经成为动态发展着的现代资本主义所创造的复杂集体劳动过程的一部分。

因此，科学管理可以更普遍地理解为是这一类工程师对他们在生产过程中自主性较低的新地位的一种回应。因此，泰勒主义在现实中是：

一种工程意识形态，是对不断变化的环境做出的回应，它要同时解决两个问题，一是组织工作场所和劳动力的问题；二是工程师如何保留一些传统自主权的问题。

博比特、查特斯（Charters）、桑代克、斯伯丁、古柏莱、斯内登等课程专家坚持认为，学校需要他们的专业知识来实现高效管理，从而证明他们在教育中的存在是合理的。从事"科学"课程开发的教育工程师的影响力越来越大，因此，这个阶层在发展中的社会/教育等级制度中建立起了权力基础。教育领域采用资本主义生产模式的另一个原因来自教育领域本身。

学区教育委员会的构成是工业资本主义教育模式称霸的最后一个原因。在近几十年的教育政策时代之前，美国的学校在很大程度上是分散治理的，至少在联邦和州一级都是如此，大多数教育决策都留给了地方学区教育委员会。回顾这段时期，康茨（Counts）认为：

> 美国公共教育的基本特征是……由控制学校的教育委员会来决定的。委员会背后确实还有州政府，但州政府已将公共教育的实际控制权委托给委员会。在立法划定的广泛范围内，政策大纲由委员会成员制定……公共教育的内容、精神和目的在某种程度上一定会以一种很少能有人明白的方式反映出委员会成员的偏见、局限性和经验。

正如蒂玛尔（Timar）和泰雅克（Tyack）所解释的那样，"学区教育委员会越来越多地由商业和专业精英组成，而不是由地区选举产生"。

对 20 世纪初期学区教育委员会构成的几项研究对此提供了进一步的证据，说明那些致力于商业利益的人变成了教育政策的主导者。例如，聂耳宁（Nearing）对人口超过 4 万的城市中的 104 个学区教育委员会的成员构成做了研究，他发现，在 967 名研究对象中，588 名（60.8%）是商人、制造商、银行家、经纪人、房地产中介、医生或律师，其他成员在退休前也是在商界工作，只有不到 10% 的人是普通劳动者。另一项针对 169 个城市（人口从 2500 到 25 万不等）的学区教育委员会成员的研究发现，在 761 名男性成员中，455 名（60%）是商人、银行家、律师、医生和企业高管，只有 58 人（7.6%）被归为"体力劳动者"。1926 年来自 532 个城市学区教育委员会的数据与之前的两项研究一致。在这项研究的 2934 名男性成员中，31% 是"经营者"（企业主），31% 是专业人士，14% 是管理人员。分别只有 6% 和 8% 的男性成员是文员或体力劳动者，这导致作者康茨得出了以下结论：

> 总的来说，美国各地的学区教育委员会结构非常相似，几乎完全是由社会和经济特权阶层的人组成。

因此，在 20 世纪初期，受益于资本主义生产和经济的阶层主导了各地的学区教育委员会。这些委员会不仅能影响当地学区政策，而且还负责学监的聘用和解雇，实质上掌控着美国公共教育的范围和方向。虽然聂耳宁、斯特鲁布尔（Struble）和康茨的研究充分突显了这一时期学区教育委员会构成的阶级利益，但值得注意的是，这些委员会所行使的权力无疑也有性别和种族特点。正如康茨的研究所证实的那样，20 世纪 20 年代的学区教育委员会中女性仅占 10%。同样，上报的委员会成员职业信息也仅包括了男性的信息。

根据康茨的研究，我们不得不假设女性委员会成员都处于失业状态，或者她们的劳动没有被正式认可为一种职业

（例如，家政工作），从而反映了研究和时代的父权偏见。此外，就等级制度而言，以女性为主的教师队伍要受以男性为主的学区教育委员会监督。1870 年，小学女教师的比例约为59%，到 1930 年增加至近 89.5%，此后这一数字也一直保持相对稳定。这种教学的"女性化"和与女性的工作及照顾孩子相关的父权制规范相吻合，因为教学和教育与照顾家庭相关。因此，当社会效率运动在 20 世纪初期如火如荼地进行时，基础教育阶段的师资以女性为主。

同样需要注意的是，虽然教师队伍发生这种转变的原因有很多，但我们必须认识到其中的推动力量自相矛盾。一方面，必须将男性主导的学校董事会对教学的监管视为男性对女性劳动力的权威主张。另一方面，女性实际上正在积极维护自己的权利，并开始把教书育人以及其他职业作为提高女性独立性的空间，也是在这个空间里中产阶级白人女性掀起了美国的第一波女权主义浪潮。此外，尤其是鉴于这个时代在美国各地还有大量得到官方认可和批准的种族主义法律和政策，我们还必须假定学区教育委员会的构成也存在种族因素。当然，那时全国各地还存在着大量由个人和团体维持着的非官方种族主义政策。

鉴于学区教育委员会的社会定位，他们通过其在体制内的地位维持其社会和文化权力的努力符合其切身利益。因此，学区教育委员会的构成对阶级、性别和种族的影响也是康茨关注的问题，他认为：

统治阶级是受现有社会体制青睐的特权阶级。因此，它倾向于比较保守，会夸大现行秩序的优点，并畏惧任何赞同社会结构根本性变革的躁动。

由于学区教育委员会的成员社会地位高，地方学区教育委员会实际上控制着教育政策，所以学区教育委员会的构成为资本主义生产模式在美国教育中占据支配性地位提供了一部分合理的解释。这些商界白人试图在塑造学校的过程中反映资本主义的企业实践，并 / 或反映出他们眼中培养未来工人的最佳教育方式。这些商界人士很可能认为资本主义的组织形式就是办学的最佳方式，他们和如今的新自由主义者类似，都具有常识性的霸权意识。

反对资本主义教育

资本主义生产的逻辑是通过坚持采用标准化考试这个技术工具而实现的，虽然它确实在美国学校教育中占据主导地位，但有必要认识到有很多个人和组织确实抵制过这一逻辑占据主导地位的过程。例如，当时最响亮的抗议呼声之一来自美国教师联合会（American Federation of Teachers，AFT）的官方期刊《美国教师》（*American Teacher*），由于社会效率原则在教育中的应用既反工会又反教师，它势必点燃了 AFT 的怒火。具有讽刺意味的是，被誉为最早将商业语言引入教

育的人之一威廉·C.巴格利（William C. Bagley）也对社会
效率原则持批评态度。根据卡拉汉（Callahan）的说法，巴
格利和约翰·杜威（John Dewey）都"反对将商业和工业的
价值观和流程不当地应用于学校，并且都对经常以科学之名
而开展的过度简化和肤浅的活动提出了批评"。不过，巴格
利确实认为将科学概念应用到学校教育中会大有可为，但不
认为这样就能一下子解决所有问题。同样，杜威赞成开展考
试，但不赞成利用考试结果的方式。他更喜欢将考试用于一
般性诊断目的，而不是用来将学生标准化或分类。此外，杜
威还对与学校社会效率相关的"科学"提出了质疑，并认为
这就是典型的以教师为中心的教育，只不过是披上了科学术
语的外衣。乔治·S.康茨（George S. Counts）、哈罗德·鲁格
（Harold Rugg）等课程学者也在这一时期反对这一趋势，并致
力于建立一个更加公正、更具人文关怀的社会。此外，在这
一时期和之后，许多地方（如社会主义的社区学校）在课程
领域都出现了抵制资本主义话语灌输的例子。然而，尽管在
约翰·杜威等进步主义人士提倡的教育改革与约翰·富兰克
林·博比特（John Franklin Bobbitt）的社会效率改革之间存在
其他一些选择，但正如克利巴德所解释的那样：

新兴课程领域显然更喜欢社会效率论所承诺的科学精确
性和功利性回报，而且从管理行业汲取了运作模式和成功标
准的意识形态立场的影响……对美国的课程思想产生了持久

的影响。

科学管理和社会效率之所以能成为教育的主导模型，部分原因在于学区教育委员会的构成，部分原因在于美国实施的大众教育，部分原因在于劳资之间格外激烈的斗争。正如库班所写：

到 20 世纪 20 年代，商界领袖不再站在学校改革的前沿，但在全国范围内，他们可以看到这些核心假设在公立学校的新目标、经过重塑的治理、高效组织和差异化课程方面都取得了胜利。在随后的几十年里，这些关于教育、经济和稳定社会之间以及企业和学校之间的关系的假设偶尔也受到过挑战，但通常都无人质疑，在 20 世纪剩下的时间里，塑造了商业领袖、公职人员、记者、教育工作者和家长的思维方式。

因此，美国学校和教育的组织结构、课程和语言越来越受到资本主义工业的逻辑和指导原则的支配。标准化考试在这一过程中发挥了重要作用，这主要是因为它是对人群进行高效分组排名的完美工具。无论是 100 多年前还是今天，无论是否称之为新自由主义，一直都有一个与资本主义生产逻辑相一致的教育观。在 20 世纪初期，在提倡优生学、社会效率和把学校视作工厂进行科学管理的背景下，学校通过标准化考试产出了大批毕业后扮演预定角色的学生。在 21 世纪初期，高利害标准化考试被用来进一步巩固自由市场资本主义竞争模式在教育中的核心地位，并在此过程中为私企创造了大量财富。鉴于100多年来我们在美国一直坚持用标准化考试对学生、教师和学校进行分类和排名，我们不得不发出以下疑问：

- 为什么这些考试会让教育呈现资本主义形式？
- 这些考试衡量的是什么？
- 这些考试对教育有什么作用？

我将在下一章讨论这些问题及其他几个问题。

参考文献

Apple, M. W. (1986). *Teachers and texts: A political economy of class and gender relations in education*. Routledge & Kegan Paul.

Apple, M. W. (2004). *Ideology and curriculum* (3rd ed.). RoutledgeFalmer.

Apple, M. W. (2012). *Can education change society?* Routledge.

Apple, M. W. (2014). *Official knowledge: Democratic education in a conservative age* (3rd ed.). Routledge.

Apple, M. W., & Au, W. (2009). Politics, theory, and reality in critical pedagogy (Japanese translation). In M. W. Apple, G. Whitty, N. Akio, & K. Takayama (Eds. & Trans.), *Critical education and the struggle for public schools: Contesting neoliberal education reform and beyond* (pp. 9–39). Akashi.

Au, W. (2011). Teaching under the new Taylorism: High-stakes testing and the standardization of the 21st century curriculum. *Journal of Curriculum Studies*, 43(1), 25–45. https://doi.org/10.1080/00220272.2010.521261.

Au, W. (2013). Hiding behind high-stakes testing: Meritocracy, objectivity and inequality in U.S. education. *The International Education Journal: Comparative Perspectives*, 12(2), 7–19.

Bigelow, B. (2012). Testing, tracking, and toeing the line. In W. Au & M. Bollow Tempel (Eds.), *Pencils down: Rethinking high-stakes testing and accountability in public schools* (pp. 197–209). Rethinking Schools, Ltd.

Bisseret, N. (1979). *Education, class language and ideology*. Routledge & Kegan Paul.

Blount, J. M. (1999). Manliness and the gendered construction of school administration in the USA. *International Journal of Leadership in Education*, 2(2), 55–68.

Bobbitt, J. F. (1909). Practical eugenics. *Pedagogical Seminary*, 16, 385–394.

Bobbitt, J. F. (1912). The elimination of waste in education. *The Elementary School Teacher*, 12(6), 259–271.

Bobbitt, J. F. (1913). *The supervision of city schools: The twelfth yearbook of the national society for the study of education*. Public School Pub.

Bobbitt, J. F. (1920/2002). The objectives of secondary education. In J. R. Gress (Ed.), *Curriculum: Frameworks, criticism, and theory* (pp. 135–144). McCutchan Publishing Corporation.

Boyer, R. O., & Morais, H. M. (1975). *Labor's untold story* (3d ed.). United Electrical, Radio & Machine Workers of America.

Braverman, H. (1974). *Labor and monopoly capital: The degradation of work in the twentieth century*. Monthly Review Press.

Callahan, R. E. (1964). *Education and the cult of efficiency: A study of the social forces that have shaped the administration of the public schools* (First Phoenix ed.). University of Chicago Press.

Carlson, D. L. (1988). Curriculum planning and the state: The dynamics of control in education. In L. E. Beyer & M. W. Apple (Eds.), *The curriculum:*

Problems, politics, and possibilities (pp. 98–115). State University of New York Press.

Chapman, P. D. (1988). *Schools as sorters: Lewis M. Terman, applied psychology, and the intelligence testing movement, 1890-1930*. New York University Press.

Counts, G. S. (1927). *The social composition of boards of education: A study in the social control of public education*. Arno Press & The New York Times.

Cuban, L. (2004). *The blackboard and the bottom line: Why schools can't be businesses*. Harvard University Press.

Cubberley, E. P. (1916). *Public school administration*. Houghton Mifflin.

Dickson, V. E. (1923). *Mental tests and the classroom teacher*. World Book Company.

Ferguson, K. E. (1984). *The feminist case against bureaucracy*. Temple University Press.

Giordano, G. (2005). *How testing came to dominate American schools: The history of educational assessment*. Peter Lang.

Gould, S. J. (1996). *The mismeasure of man* (rev. & expanded ed.). Norton.

Haney, W. (1984). Testing reasoning and reasoning about testing. *Review of Educational Research*, 54(4), 597–654.

Howell, W. G. (2005). Introduction. In W. G. Howell (Ed.), *Besieged: School boards and the future of education politics* (pp. 1–23). Brookings Institutions Press.

Hursh, D. W., & Ross, E. W. (2000). Democratic social education: Social studies for social change. In D. W. Hursh & E. W. Ross (Eds.), *Democratic social education: Social studies for social change* (pp. 1–22). Falmer Press.

Karier, C. J. (1967). *Man, society, and education: A history of American educational ideas*. Scott, Foresman.

Karier, C. J. (1972, Spring). Testing for order and control in the corporate liberal state. *Educational Theory*, 22, 159–180.

Kliebard, H. M. (1975). Bureaucracy and curriculum theory. In W. F. Pinar (Ed.), *Curriculum theorizing: The reconceptualists* (pp. 51–69). McCutchan

Publishing.

Kliebard, H. M. (1979/2002). The drive for curriculum change in the United States, 1890–1920. Part I – the ideological roots of curriculum as a field of specialization. In J. R. Gress (Ed.), *Curriculum: Framework, criticism, and theory* (pp. 67–81). McCutchan Publishing Corporation.

Kliebard, H. M. (1988). Fads, fashions, and rituals: The instability of curriculum change. In L. N. Tanner (Ed.), *Critical issues in curriculum: Eighty-seventh yearbook of the national society for the study of education* (pp. 16–34). University of Chicago Press.

Kliebard, H. M. (2004). *The struggle for the American curriculum, 1893–1958* (3rd ed.). RoutledgeFalmer.

Lemann, N. (1999). *The big test: The secret history of the American meritocracy.* Farrar, Straus, and Giroux.

Madaus, G. F., & Kelleghan, T. (1993). Testing as a mechanism of public policy: A brief history and description. *Measurement & Evaluation in Counseling & Development*, 26(1), 6–11.

Meiksins, P. F. (1984). Scientific management and class relations: A dissenting view. *Theory and Society*, 13(2), 177–209.

National Commission on Excellence in Education. (1983). *A nation at risk: The imperative for educational reform* (p. 65). United States Department of Education.

Nearing, S. (1917). Who's who on our boards of education. *School and Society, V.*

Noble, D. F. (1977). *America by design: Science, technology, and the rise of corporate capitalism.* Alfred A. Knopf.

Popham, W. J. (2001). *The truth about testing: An educator's call to action.* Association for Supervision and Curriculum Development (ASCD).

Posner, G. J. (1988). Models of curriculum planning. In L. E. Beyer & M. W. Apple (Eds.), *The curriculum: Problems, politics, and possibilities* (pp. 77–97). State University of New York Press.

Reese, W. J. (1998). American high school political economy in the nineteenth century. *History of Education*, 27(3), 255–265.

Sacks, P. (1999). *Standardized minds: The high price of America's testing culture and what we can do to change it*. Perseus Books.

Selden, S. (1983). Biological determinism and the ideological roots of student classification. *Journal of Education*, 165, 175–191.

Selden, S. (1999). *Inheriting shame: The story of eugenics and racism in America*. Teachers College Press.

Smith, M. L. (2004). *Political spectacle and the fate of American schools*. RoutledgeFalmer.

Stoskopf, A. (1999). The forgotten history of eugenics. *Rethinking Schools*, *13*(3). https://rethinkingschools.org/articles/the-forgotten-history-of-eugenics/.

Struble, G. G. (1922). A study of school board personnel. *American School Board Journal, LXV*, 48–49, 137–139.

Teitelbaum, K. (1991). Critical lessons from our past: Curricula of Socialist Sunday schools in the United States. In M. W. Apple & L. K. Christian–Smith (Eds.), *The politics of the textbook* (pp. 135–165). Routledge.

Terman, L. (1916). *The measure of intelligence*. Houghton Mifflin.

Timar, T., & Tyack, D. (1999). *The invisible hand of ideology: Perspectives from the history of school governance* (SE–99–3, p. 23). Education Commission of the States. http://www. ecs.org/clearinghouse/13/55/1355.doc.

Tyack, D. (1974). *The one best system: A history of American urban education*. Harvard University Press.

Zinn, H. (1995). *A people's history of the United States: 1492-present* (rev. and updated ed.). Harper Perennial.

4

第四章

考试的麻烦

在美国，我们对高利害标准化考试成绩的看法相对简单粗暴。学生参加考试，教师提交成绩。我们相信考试成绩是有意义的。我们用考试成绩来说明这个学生比那个学生学到的东西更多（或者这个老师／学校教得比那个老师／学校好）。一些人拿到成绩欢呼雀跃，"耶！看看这考试成绩！我们家孩子又聪明，又努力，真是天生聪颖！"而一些人则声声哀叹，"好吧，看看那成绩。我想我们家孩子没有人家孩子那么努力，或者没人家聪明，或得不到所需的资源。"然后，根据考试成绩，我们说这个学生排名这么多，那个学生排名那么多，因此这个学生应该分到这个班，那个学生则应该分去另一个班；或者我们会说哪个老师或学校好，因为他们的学生分数高，而哪个老师或学校不好，因为他们的学生分数低。这一切都像是常识，自然而然地融入了我们思考教育的方式。

　　但问题就出在这里。用高利害标准化考试来衡量教育一点也不合理。考试是在 20 世纪通过政治和教育政策构建起来的，而且考试还把人类学习这个非常复杂和完整的过程变成了一个极不自然、过度简化了的数字。我之所以在本章一开始就讨论这个问题，是因为它是高利害标准化考试众多技术、实践和意识形态问题的核心。然后我会接着讨论增值模型的问题（即错误地用考试数据来试图准确算出某个老师对学生分数有多大影响），并由此就高利害考试的技术问题，以及我们对考试的看法在哪些方面类似于马克思商品拜物教的概念展开更广泛的讨论。接着我将指出与考试分数相关的众多其他方面，解释我们的考试只衡量了相关性，而并没有体现因果关系。我还将在本章提出一个替代论点，即这些考试衡量的不是学习效果或智力，而主要是马克思所说的"社会必要劳动时间"。最后，虽然我们可能会对这些考试到底能检验到什么存有疑问，我将会在本章结尾处讨论我们所确知的考试的作用——对教与学过程的控制。

标准化、去情境化和客观性

我在第二章和第三章的概述中说明，在按照资本主义的生产和竞争观来发展教育的过程中，标准化考试成了核心技术。我们在 20 世纪初期开始按成绩给学生分班，并将学校建设成工厂般的流水线，后来又围绕新自由主义市场逻辑制定联邦和州的教育政策。但不论何时，在如此发展教育的过程中，标准化考试一直都在发挥着核心作用，因为它把学生 / 学习 / 教师 / 教学变成了数字。没有数字，就没有比较，就没有竞争市场，就没有教与学的投入产出观，也就没有分班或排名。考试得出的数字实际上推动了当前整个教育政策和改革。

因此，将教育过程转化为数字确实有些魔力，它让我们将教育视为一门生意，按照组织工厂生产的逻辑来发展、比较、排名，并将其视为一个竞争激烈的市场。这种魔力就在于标准化、去情境化和客观性之间的关系。

标准化考试的整个基础逻辑就是能够在学生、教师、学校、学区、州和国家之间进行（假定）公平和客观的比较。为此，我们在尽可能相似的条件下（在相同的规定时间内，大声宣布相同的考试要求，有可能还会使用相同的计算机程序，并在尽可能安静的环境下），在不同的考场让不同的学生参加相同的标准化考试。标准化考试的前提是，如果我们可以尽可能地去除情境，就可以对参加相同考试的学生进行有效且有意义的比较，政策制定者可以根据成绩断言一名学生优于另一名学生。从本质上讲，为了发挥比较工具的作用，标准化考试否认各个地方存在大量的当地情境、可变性或差异，以便建立可以跨越广阔地理位置 / 情境的通用测量标准。如果不否认各地存在具体情境，就不可能在学生、学校、学区、州和国家之间进行比较。

因此，我们在使用标准化考试进行比较、评判和奖惩的过程中，对考试有一种固有的看法，即考试本身是客观的，因为客观性就是指这些考试没有任何会破坏或干扰分数有效性的本地具体条件或因素。事实上，标准化考试能提供客观检测的假设是否成立，依赖于这种对情境差异的否认：考试被认为是客观的，因为按理说它们能够在任何潜在的情有可原的情况之外平等地判定所有个体。去情境化将人类从具体情境中抽离出来，这是标准化考试这一技术将所有人和复杂过程转化为数字的基础。正如利普曼（Lipman）在她对芝加哥学校的高利害考试政策影响的研究中所解释的那样：

才能各异并面临着各种不同挑战的学生和教师都被简化为考试成绩。学校及所在社区情况复杂各异，各有各的失败、不足、长处、雄厚或薄弱的师资、共同发展的道德承诺，以及或多或少的活力、士气、勇气、潜力和挫败，而所有这些都被混为一谈、被同质化，并被简化为标准九分[①]。

在量化学生所学知识和理解程度的过程中，学生自身及其所学必然被量化成一个数字。这种量化是评测本身的核心，它将真实的人和真实的社会状况转化为易于测量和比较的数字和类别。德利索佛（De Lissovoy）和麦克拉伦（McLaren）指出这是建立可公度性所必需的：

使用标准化考试的关键原则是将学习和知识简化为数字

---

① 标准九分是常态化标准分数的一种，主要是利用正态分布的概念，将正态分布的曲线分为九个部分。标准九分的平均值为 5，标准差为 2。例如，1、2 或 3 的分数低于平均水平；4、5 或 6 是平均值；7、8 或 9 高于平均水平。这些分数被用来显示学生的学业水平——低于平均水平、平均水平或高于平均水平。——译者注

（即分数），这也是使考试能够成为问责措施的原因。简化之后，就可以对分数进行比较、统计、分析和其他各种操作。政策制定者将学习简化为考试分数的目的就是让不同个体掌握的知识具有可比性。

此外，将学生简化为考试分数的过程在本质上就是用抽象数字来定义学生之间的关系，这要求我们忽略学生的个体情况，忽视他们的可变性，并将他们简化为"更大群体的一两个普遍特征"。因此，从定义来说，标准化考试就是通过将学生简化为脱离情境的数字对象进行比较，并且通过简化，标准化考试得以将学生物化，把他们个人的质与量分割开来。在理解标准化考试系统与资本主义生产逻辑、社会效率和新自由主义市场在教育中的应用之间的基本联系时，这种物化是关键环节。

标准化考试、商品化和商品拜物教

标准化考试对学生量化再物化的过程让我们在概念层面上将学生视为产品，并在资本主义生产和新自由主义市场的范式中构想教育。如此，标准化考试本质上是将学生商品化，即把学生变成商品来生产、检验、比较。因此，通过学生和教育的商品化，标准化考试让教育系统可以被构建为类似于商业的系统，因为资本主义生产的逻辑要求产品（商品）被制造、评估、比较，并在市场上进行交换。因此，我们看到标准化考试把学校视作工厂，教师作为劳动者在教育流水线上工作，"生产"商品学生，并通过考试成绩衡量和比较学生的价值。

然而，这种商品（无论是学生还是物质产品）生产观是有问题的，因为它抽离了存在于商品生产过程中现实存在的人际关系。正如马克思所解释的那样，在资本主义的商品生产和交换过程中，发生了一些"神秘"的事情：

> 因此商品是一个神秘的东西，这仅仅是因为它表现出了（人类）劳动的社会特征……即在该劳动产生的产品上打上客观烙印，因为生产者与自己的劳动总量的关系是作为一种社会关系呈现在他们面前的，这种社会关系并不存在于他们之间，而是存在于他们的劳动产品之间。这就是把劳动产品变成商品、变成社会性事物的原因，它们的品质既能又不能被感官感知。

马克思在这里讨论的现象是，在资本主义制度下看待商品时，我们认为它们具有独立于制造商品的社会和物质关系而存在的特征。换句话说，例如在我们得到一部新手机或电脑时，资本主义逻辑促使我们不去考虑虐待童工或为可充电电池开采锂矿所造成的大规模环境破坏。因此，在商品中的劳动被掩盖了，因为我们只看到商品本身，而不是构成该商品的一系列关系。马克思接着又解释了劳动如何表现为事物之间的关系，"在……劳动产品之间"的关系，而不是人之间的"社会关系"。这种劳动与商品的脱节，这种在资本主义体制下劳动本身与劳动产品之间的神秘关系，就是马克思所说的商品拜物教。

尽管这种比较并不准确，但马克思的商品拜物教概念提供了一个了解在标准化考试的资本主义逻辑中如何看待学生的窗口。一旦接受了将标准化考试作为目标的假设，学生就会被视为商品，他们在教育市场上的价值是通过考试成绩来衡量的，这在将学生（或老师或学校）简化为纯粹的考试成绩时非常明显。这种价值是通过衡量、分类和比较作为商品的学生来确定的，因为他们的价值高低只是相对于其他学生（其他商品）而言。考试成绩更高的人更受重视，可以获得更有价值的证书和文凭，从而进一步增加他们在教育和就业市场中的价值。同样，考试成绩较低的人也同样被商品化，只不过他们在教育和就业市场中的价值会更低。

因此，在标准化考试系统中，学生的价值无法体现在他们的人性中。相反，学生的价值只能体现在考试成绩中，变成坐在教室里被具体化、客观化、商品化、高度抽象化了的一维版人类。在这种将学生视为商品的世界中所丢失的东西以及在这个过程中被迷恋的东西，是存在于这些考试成绩"背后"的社会关系。因此，学生的生活、家庭文化、历史、教育差异和社会经济条件在高利害标准化考试的逻辑中毫无意义。标准化考试制度否认现实中存在对学生表现有不同程度长期或短期影响的当地条件或特定情景，而以自上而下的方式强加了一个产品（学生商品）应符合的普遍规范，同时也让学生脱离了教育的过程。因此，高利害考试系统将考试成绩与学生生活和学校条件的现实情况相分离，有效地掩盖了他们在生活中持续存在的社会关系和结构性不平等。

增值模型和考试的非客观性

高利害标准化考试将学生、教学和学习脱离情境，并将其转变为抽象对象以供研究和比较，衡量教师绩效的增值模型（VAM）就是最清晰和最极端的例子之一。增值模型出现在 NCLB 法案时代，与美国新自由主义学校的发展完美契合。它们最初是由计量经济学家和统计学家所开发的，目的是找出一种根据简单的输入和输出来衡量教育绩效的方法。教师输入课程，学生通过标准化考试输出学习成果。最初，美国教育部在 4 年里花了 4 亿美元支持各州的增值模型试点研究，尽管试点研究没有产生明确结论，但如果各州采用增值模型作为 RTTT 计划问责措施的一部分，联邦政府政策制定者就会许诺大笔拨款。正如权威专家和评论家所解释的那样：

用最简单的术语来说，增值模型就是一种统计工具，用于衡量学生跟随 A 老师（或在 B 学校/C 学区）学习与在特定科目的大规模标准化水平考试中在 E、F、G 等对照点上（E、F、G 等包括各种学生背景特征和人口统计数据，以及课堂和学校的特征和变量）实现 Z 幅度增长之间所谓的因果关系。然后就可以写出增值模型等式，等式左边为想要测量的某方面学业成就（即学业水平的 Z 幅度增长），右边是后测分数 Y 减去前测分数 X，作为所有解释变量（即 E、F、G 等）的函数。

增值模型可以用更简单的语言来描述：通过标准化考试成绩，增值模型声称能够准确指出某位老师或某所学校对单个学生的考试成绩有多大作用。支持这些模型的人坚信一个假设，即考试在很大程度上是客观的，能够产生有效的分数，并且可以在统计模型中考虑到贫困、父母受教育程度和资源获取等因素。然而，增值模型存在许多问题，研究这些问题也能说明高利害标准化考试普遍存在许多错误、不一致的情况，并缺乏客观性。

增值模型特有的一个问题是我们的问责系统不会测验每一个主题的内容。这已被证明是一个问题，例如，由于学生的标准化数学考试成绩较低，纽约的一位艺术老师的教学评估评级从"有效"降至"进步中"。事实上，60% 到 70% 的老师都不适于用增值模型来评估，因为他们教授的科目没有国家或州级考试，但一些州对所有老师的评估都采用增值模型。我们也不知道不同老师、班级和考试成绩之间的认知迁移情况，这也是一个相关的问题。换句话说，我们无法判断学生的数学成绩提高是数学老师的功劳，还是因为他们在科学课上学到了数学知识，还是因为父母在家里给他们辅导了数学。英语课的分数也是如此，学生分数的提高可能是英语老师自身的功劳，也可能是由于一位非常优秀的历史老师将写作融入了历史课堂。同样的论点反过来也成立：也许是历史老师糟糕的写作指导搞砸了学生的整体英语成绩。

此外，增值模型假设学习是一个简单的直线累加过程——老师教了一部分内容，学生学到一些东西，下次考试成绩就高一点。认知科学研究向我们表明，学习过程并不是那样的。相反，我们的学习大都需要经过所谓的"U形"过程。也就是说：①我们理解了一些知识；②我们学到了一些新的知识，这会导致我们的理解水平暂时下降；③我们重新整合所有知识，获得了新的或更好的理解。或者，可以从平衡的角度来考虑问题。当我们认为我们理解了一个知识点时，这个点的理解就处于平衡状态。学习新事物时，我们的理解状态会失衡。在整合了新学的知识之后，我们的理解在整合后又回到平衡状态。因此，学习的过程不会是一条简单的直线，而是U形组成的波浪线。这对增值模型尤其重要，对一般标准化考试也很重要，因为我们不知道我们是在U形学习过程中的哪个位置对学生进行测试。也许在临近学习周期结束对学生进行测试时，他们正处在U形曲线的顶部，但也可能他们正在U形曲线的底部，即他们仍在努力将各个部分知识整合在一起。对此我们根本无从得知，这就提出了一些基本问题——通过考试能否确定学生是否学到了东西，或者老师是否教会了学生。

增值模型还存在其他重要的技术问题，这些都表明不应用标准化考试来评估教师，许多问题还表明此类考试也不应用于评估学生：

- 统计错误率：美国教育部国家教育统计中心（National Center for Educational Statistics）发布的一项研究发现，如果用一年的考试数据来衡量教师效能，其统计错误率为 35%。即使有三年的数据，错误率也高达 25%。正如贝克（Baker）所指出的那样，这意味着即使有三年的标准化考试成绩数据，用该数据评估的教师仍有 25% 的可能被错误地评为"低于平均水平"。

- 每年考试成绩不稳定：同一位老师所教学生的考试成绩每年都有很大波动。在一项比较五个学区两年考试成绩的研究中，超过三分之二当年排名垫底的教师在第二年就脱离了垫底行列。在这一组中，整整三分之一的老师在一年内排名从最低的 20% 升至最高的 40%。同样，虽然三分之一排名靠前的老师保住了排名，但是另外三分之一在前一年排名靠前的老师在下一年又降到了后 40%。本质上来说，同样的老师带的学生的考试成绩也不会保持稳定。相反，分数会随学生的变化而变化。

● 日常考试成绩不稳定：在任何一天举行的标准化考试中，一次性随机因素占学生成绩提高或下降原因的50%到80%。这意味着孩子考试当天早上是否吃了早餐，是否睡眠充足，是否和兄弟姐妹或同龄人发生过争执，当天其他学生的状态如何，孩子对监考老师的感觉如何，或者如果一扇窗户碰巧开着，一只吠叫的狗分散了学生的注意力等因素都有可能占影响学生考试成绩升降的一半到大部分的原因。

● 非随机学生分配：学生分组——不管是在校内通过正式或非正式方式将学生分到不同班，还是学生因种族、社会经济条件或所讲语言上不同的学校——会极大地影响增值模型的结果。这可能导致的情况就是如果一名老师班上或一间学校的学生家庭更富裕，那么这些分数一直都较高的学生"可能学习更高效，但这只是因为这些学生以前和当前在学习上从家庭和学校得到了更多的支持，而不是因为老师教得更好"。

除了这些更具技术性的问题外，在使用增值模型的过程中，以及在利用标准化考试来做涉及学生、教师和学校的高利害决策的一般情况下，还存在着另一个重要问题，即这些考试产生的数字远非客观。正如曾在美国考试行业工作了15年的工作人员法雷（Farley）所说：

考试评分行业有舞弊现象。它会在资格测试中作弊，以确保有足够的人员能按时完成任务／评出考试分数；它会在考试分数信度上作弊，以呈现出标准化的假象，即使标准化并不存在；它会在效度分和校准分以及其他可能需要调整的任何内容上作弊。统计取巧、公司欺诈是我考试评分生涯的特点，虽然我并不以此为傲，但这是事实。请记住，我加入考试行业，纯粹是为了赚取薪水，就像许多考试公司只是为了赚钱一样。

法雷在考试行业的工作经历并不特殊，在标准化写作考试评分方面，考试缺乏客观性的情况可能最为明显。迪马奇奥（DiMaggio）曾在美国考试公司培生担任作文评分员多年，他描述了在那里做临时合同工的感受：

在考评中心，数十名评分员一排排坐着，盯着眼前电脑屏幕上的学生试卷（考试结束后试卷经过扫描上传至电脑）。我想大多数学生都以为他们的作文在评卷过程中好像是世界上最重要的东西一样。然而，每个评分员每天都需要给数百篇文章打分。因此，在经过了数月的准备和数十个课时的课堂练习之后，学生的作文可能只需约一分钟就评分完毕。当评分员按件计酬时，打分就特别快，在家做按时计件的工作就是这样（考评行业越来越多的工作都是居家完成的）。不同考试的试卷评分费用从30到70美分不等，为多赚钱自然是要尽快打分，对于居家工作的人来说尤其如此。

迪马奇奥的经历充分体现了标准化作文考试的评分方式，以及评分员打分时的仓促程度。伟沃达（Weivoda）也写下了她在一家公司为作文打分的经历。2000 年，明尼苏达州有 8000 名学生被告知没有通过写作考试，但实际上他们都通过了。她是这样解释的：

我在位于明尼苏达州的一间考评公司工作，宾夕法尼亚州给我们公司支付了 1200 万美元，给一个有两道题目的作文考试评分。这笔钱花在了哪里呢？200 名左右时薪 6 美元的评分员的工资，工作时间为期一两周；复印费，用于向我们提供复印在粉色和蓝色纸张上的试卷副本；管理费，用于维护公司所在的建筑物，那栋楼没有空调，楼体因渗水而受到破坏，而且最近连电话公司都撤掉了服务。哦对，还有律师费，因为试卷评分出了问题。

和其他人一样，伟沃达（Weivoda）也谈到了她在评阅佐治亚州、宾夕法尼亚州、艾奥瓦州、南卡罗来纳州和亚拉巴马州的试卷时的经历，她每天要评数百份试卷，在每份试卷上花的时间不超过 30 秒。这再次表明身处异地、脱离了应试者情境，而且希望评卷份数越多越好的评分员无助于提升考试成绩的客观性，事实上还可能会让成绩变得不那么客观。

另一个指向考试成绩不具客观性的相关问题与写作考试评分本身有关。正如迪马奇奥所解释的那样，在他亲身经历过的考试评分过程中，他和其他评分员被要求过更改分数，以确保结果与前一年的考试结果一致：

通常，在一两天内，如果分数不可避免地太低（我们试图按照评分培训给出的标准来打分），我们就会被告知分数要打高一点，或者用评分主管含混的话来说就是要"学会发掘更多的 4 分文章"。出于某种评分员并不知道的神秘原因，我们打的分数应该与往年的分数非常接近。因此，如果 40% 的作文在前一年得了 3 分（分档从 1 到 6），那么今年也应该有相似比例的作文得到 3 分。

尽管迪马奇奥称其中的原因很"神秘"，但实际上非常清楚。正如我在第二章中讨论的那样，我们必须记住，这些教育公司从事这项业务就是为了赚钱。因此，它们要努力保住与学校、学区和州的合同，因为其中有既得利益。这意味着考试公司希望表明它们的考试每年都会产生相似的结果，以此来证明考试的一致性，因为没有人会信任每次结果都极不稳定的考试。这些公司在其网站上夸夸而谈，声称致力于服务学生或提升教育水准，但说到底它们都是公司，都会担心市场份额和在竞争中的生存等问题。即使是教育行业的非营利组织也是如此，尽管它们具有"非营利"地位，但仍然赚得盆满钵满。鉴于对教育资金的资本主义竞争非常激烈，迪马奇奥的经历表明，管理者要求评分员更改分数以保持一致性的做法一点都不足为奇。

除了更改个人考试成绩的做法之外，确定什么样的考试成绩算作"通过"或"合格"的过程也是完全不客观的，了解这一点也很重要。从本质上讲，利用高利害考试的政策必须设置分数线来确定谁能通过考试，谁通不过，这样才能理解标准化考试分数的意义，即考试淘汰功能的意义。然而，正如史密斯（Smith）所说：

计算有多少孩子归于哪个类别首先要构建类别，而类别的含义和界限是模糊的。这个过程取决于相关人员的利益、意识形态和政治策略的动态变化。问责制运动的基础是一个不堪一击的分类系统，学生要么合格，要么不合格，要么"成绩优秀"，要么"接近但未达标"。划线和分类的任务由典型的政治实体来执行，其过程不是一个技术或统计过程，而是政治过程。即使在政治实体用统计程序来确定级别、类别和划定分数线，结果仍是有问题的，并且划分结果的应用是政治性的。

正如韦伯所解释的那样，我们用于判断通过和合格的分数线完全是政治性的，因为分数会根据谁在当权以及考试是否发生了变化（例如，改为 CCSS 标准的 SBAC 或 PARCC 考试）而定期调整。

问题的根源在于，所有标准化考试都旨在产生所谓的"钟形曲线"——出题人心中考试分数（和智力）在人群中的"正态分布"情况。根据钟形曲线，大多数学生得到的都是平均成绩（"标准"），少数学生获得较低或较高的分数，以图形表示就会呈钟形，获得平均分的学生占曲线的大部分（即隆起部分）。如果标准化考试能得出这种钟形曲线，则被认为是"好的"或有效的，并且所有标准化考试——甚至是基于标准的考试——的数据都被"调整"成这种形状。事实上，这个问题就是我将本书命名为《天生不平等》的原因，因为标准化考试的核心——融入其构建核心的假设——从设计上来说就天生不平等。在考试逻辑中，平等是不可能的，因为考试就是要让一些人失败。同样，正如韦伯所指出的那样，由于所有标准化考试都是为得出这种钟形曲线而构建的，所以通过／合格线的划定是相对任意的，因为人类在这个政治过程中只是决定在哪划线。

韦伯提供了一个具体的例子，他研究了纽约州在实施CCSS标准之前和之后的考试分数变化。在CCSS标准之前，政客们说通过考试的门槛太低，太多的孩子很容易就拿到了合格证书，但并没有为大学和职业生涯做好准备。因此，他们引入了CCSS标准、新的考试和新划定的分数线，结果合格率直线下降。但实际情况是这样的，与实施CCSS标准之前一样，新考试得出的分数仍然呈钟形曲线分布。大多数学生的分数都集中在中间段，一小部分学生得分高，一小部分学生得分低。但分数确实发生了变化，大多数学生的分数都落在了钟形曲线的下半部分，成绩不合格的学生更多了。事实上，所谓"合格"的分数线被上调了，所以有更多考生没有达到这个标准。韦伯说我们可以"把它想象成从华氏度到摄氏度的转变：'77 华氏度'变成了'22 摄氏度'，但实际温度还是一样的"。分数范围没有改变，但划段分数线变了。这也是为什么用考试成绩来评价教师和学生是愚蠢行为的另一个主要原因，对于谁被认为考试合格、谁不合格没有任何客观依据。

此外，增值模型在提高学业成就方面毫无效果。布莱贝格（Bleiberg）及其同事的一项研究探讨了 2009 年至 2018 年的数学和英语标准化考试成绩，以及用分数评估教师的项目。该研究发现，平均而言，用高利害考试评估教师未能改善学生的成绩、高中毕业率和大学入学率。当前的教育问责制可能会危及学生和教师的生活和未来，因此，出于这些以及其他更多原因，我们根本不应该通过增值模型用高利害标准化考试来评估教师或学生。这些考试太不精准，没有效果，而且与我们对学习过程的研究结果不一致，无法据此对教师或学生做出重要决定。然而，将标准化考试用于高利害问责制的最大问题也许与另一个考试的核心问题有关：相关性与因果关系。

我们究竟在测什么？

增值模型据称能够精确衡量单个老师对单次考试成绩的贡献，这凸显了公众对高利害标准化考试的普遍看法，即考试就是准确衡量学习和教学的工具，因为教学／教育促使学生学习，而学习效果反过来又反映在学生考试成绩中。这种在这里执行了一个动作、在那里就产生了一个效果的过程就是所谓的"因果性"或因果关系。问题在于我们的标准化考试并不能衡量因果关系。考试的作用就是对学生理应学过的东西（或者老师理应教过的东西）进行抽样测试，然后用该样本来推断学生习得知识的总量。

这样来想一下。假设一名高中美国历史老师应该在一个学期内讲授覆盖 1900 年至 2022 年的内容。在课堂上，学生们将学到美国这 122 年的历史。到学期末，老师会进行期末考试，涵盖整个学期的学习内容（注意：郑重声明，我认为大型期末考试在评估学习效果方面并没有什么好处或作用）。那老师出的题目是否要涵盖整个学期的每一个小知识点？那是不可能的。这样不仅考试时间会过长，而且对于学生来说，为了考试而要记住的信息量也会大到不合理。所以老师就会挑一些他们认为是重要或关键的知识点来让学生学习，然后将这些知识样本再用于期末考试。然后，根据学生在样本知识考试中的表现，老师再来推断学生是否充分掌握了整个学期所教的内容。我们所有的典型标准化考试都是如此。

因此有必要明白，由于我们的标准化考试都以样本和推论为基础，所以它们都不能衡量因果关系。考试不能测量教或学的直接因。我们可以在之前对增值模型问题的讨论中看到这种缺乏因果关系的证据。我之前提出的所有问题——U 形学习曲线、统计错误、多种可能因素导致的考试分数不稳定、认知迁移、非随机学生分配——都指向了一个事实，即标准化考试不仅测量不了学习中的因果关系，而且似乎完全是在测量别的东西。这是因为我们的标准化考试实际上测量的是相关性。也就是说，虽然我们没有看到任何"导致"考试成绩升高或降低的直接原因，但我们确实看到了某些因素与学生考试成绩之间有关系，也就是有相关性或关联。从本质上讲，我们可以将增值模型的一些问题理解为相关性问题，例如，日常考试分数的不稳定性表明随机的、一次性的因素与考试分数之间存在相关性；每年的考试分数不稳定表示不断变化的学生群体与考试成绩之间有相关性；或者，换句话说，在这些例子中，考试成绩衡量的是学生群体的变化，以及学生在考试当日应付个别事件的方式。所有这些都引出了一个问题：考试成绩这么不稳定，又有这么多问题，标准化考试到底在测量什么，又发现了哪些相关性问题呢？

毫无疑问，我们看到的与标准化考试成绩相关性最大的是贫困问题。正如伯利纳（Berliner）所解释的那样：

　　几乎所有研究教学和学校教育的学者都知道，在研究学生水平测试成绩的变化以及可能影响成绩的众多潜在因素时，学校的影响占了 20%。另一方面，校外变量对可解释的学生成绩变化有 60% 的影响。总体而言，家庭收入、社区的集体效能感、犯罪率和平均收入、可用及已用的医疗和牙科保健资源、食物充足程度、孩子上学期间家庭搬家的次数、社区高质量早教资源是否充足、家庭交流用什么语言等因素都对学习成绩有重大影响。

　　我们还知道，在美国，贫困与种族有很大相关性，这一现实也体现在许多与种族相关的考试成绩差异上，这样的例子比比皆是。比如一项对新泽西州 452 名学生考试成绩的分析发现，在当地学生升入高中时，不同种族群体之间有 52% 的英语考试成绩差异和 59% 的数学考试成绩差异可以归因于对黑人和拉丁裔学生影响尤大的社会经济因素。同样，几十年来的 SAT 大学入学考试数据显示，种族和经济阶层的差距与分数差距之间一直存在着近乎完美的对应。正如亚姆莱茵-比尔兹利（Amrein-Beardsley）所解释的那样，"学生考试成绩与学生的人口统计学和环境背景之间的相关性非常之大，可以用一个（学生人口统计）有效地预测另一个（学生考试成绩），甚至在学生参加考试之前，就能得出近乎精准的预测"。例如，一项研究仅用了三个社区的变量，就正确预测了 18 所学校中的 14 所在新泽西州数学和英语考试中获得合格或良好成绩的学生人数百分比。这三个变量分别是年收入超过 20 万美元的家庭、贫困人口占比和家庭成员拥有学士学位人数的占比。高利害标准化考试也许不太可能准确地衡量教与学，但确实可以衡量贫困和家庭受教育的程度。

除贫困之外，标准化考试成绩还与许多其他因素相关。以下是部分例子：

绿化：根据一项针对芝加哥 318 所公立学校的研究，虽然学生家庭所在社区的树木覆盖率与考试成绩无关，但研究人员发现，校园树木覆盖率高与数学成绩较高相关，并与阅读分数略高相关。在另一项研究中，研究人员研究了马萨诸塞州 905 所公立学校 6 年的考试结果，发现春季考试季学校周围植被数量的增加也与考试成绩更高相关。

心肺健康：一项对佐治亚州四年级和五年级学生三年考试数据的抽样研究发现，在贫困学生高度集中的学校里，学生的心肺健康水平较高与考试成绩较高密切相关。

温度：一项收集了 1000 万名 PSAT 考生数据的研究发现，较热天气里学校不开空调的天数越多，PSAT 分越低。另一项对德国 543 名学生的研究虽然并非专门针对标准化考试，但发现温度较高时，女性在数学和语言认知任务方面的表现优于男性，这表明考试期间的温度可能会影响考试成绩的性别差异。

压力和皮质醇水平①：一项针对 93 名 8 至 16 岁学生的研究发现，高利害考试不仅提高了所有学生的皮质醇水平，而且皮质醇水平上升与标准化数学考试成绩较低相关。更重要的是，研究人员指出与种族主义和贫困相关的压力因素会导致工人阶级和有色人种家庭的学生更有可能在家庭生活和社区中皮质醇水平升高。一些研究人员根据大量有关家庭／社区生活、睡眠和皮质醇相关的压力之间的关系的研究文献，建立起一个整体"压力差异模型"，该模型描述了环境条件与社会因素交叉影响的方式，以解释为什么有些孩子的成绩较低。

认知疲劳：一项对丹麦学童三年考试成绩数据的研究发现，学生在放学前举行的考试中表现较差，这让研究人员得出结论，学习一天累积的认知疲劳导致了学生成绩的下降。

总而言之，我们可以说标准化考试至少能够衡量以下方面的情况：家庭贫困程度、父母受教育程度、孩子考试当天的状况、学生被分到哪个特定类型的班级、校园里种了多少树、学生的体感温度有多高、学生在学校和家里感受到了多

①　皮质醇水平上升是身体紧张所做出的一种自然反应，它是一种主要化学信使，可在出现压力时将指令或信息从身体的一个部位传递到另一个部位。这可能就是皮质醇经常被称为"压力激素"的原因。皮质醇水平通常在压力升高时达到峰值，在压力减轻时恢复到正常水平。——译者注

大压力、学生的心肺健康和认知疲劳程度（我还没有提到由于数学题目是用英语出的，所以高利害考试既检验学生在不能乱动的限时条件下完成认知任务的能力，同时也在检验他们的英语能力）。所以，基本上来说，如果我们的目标只是提高考试成绩，那只需要：在校园里种更多的树；选择在学生尚未出现认知疲劳的早上进行考试；确保学生经常锻炼，保持心肺健康；确保学生考试当天处于平静、放松和安静的环境，确保高温季节在学习时能开空调降温；在树木更繁茂的春天进行考试；确保在家庭和社区学生的住房、医疗保健、食品和资源方面的需求能够得到满足。请注意，这些相关性与学生实际能够学到多少知识没有任何关系，而与环境因素有关。根据这一证据，我认为我们的考试可能衡量的根本就不是学生学了多少知识，而是马克思所说的"社会必要劳动时间"。

衡量社会必要劳动时间

正如我在本章前面所讨论的那样，通过去情境化和抽象化的过程（将标准化考试与物质现实和生活中的资源差异相分离），标准化考试在本质上将学生变成了商品。这反之让教育政策体系能够以资本主义市场的形式来构建，可以通过考试成绩对学生进行比较，分数决定了学生在教育市场中的价值。当然，马克思对了解商品生产中的劳动以及这种劳动与

资本主义交换中的商品价值的关联非常感兴趣。根据马克思的分析,

含有等量劳动或能在同样劳动时间内生产出来的商品,具有同样的价值。一种商品的价值同其他任何一种商品的价值的比例,就是生产前者的必要劳动时间同生产后者的必要劳动时间的比例。

他继续补充说,"作为价值,一切商品都只是一定量的凝固的劳动时间"。这样的关联在自由市场式的教育改革中应用于学生和标准化考试成绩的使用时,应该是显而易见的。在此框架中,我们可以认为学生商品含有"凝固的劳动时间",可以说是社会、家庭、机构和社区资源通过劳动生产出了参加考试的学生。那么,相对等量的劳动和时间可能会生产出同等价值的商品,或者在我们的讨论中应该说会生产出具有相似考试成绩的学生。马克思进一步说,用于生产商品的劳动力和资源差异会产生不同的价值:

因此,如果生产商品所需的劳动时间保持不变,商品的价值量也就不变。但生产商品所需的劳动时间随着劳动生产力的每一次变动而变动。劳动生产力是由多种情况决定的,其中包括(工人)的平均熟练程度、科学的发展水平和它在工艺上应用的程度,生产过程的社会结合,生产资料的规模

和效能，以及自然条件。

将此应用到学生的商品化，我们可以开始理解身体条件、教师技能、我们对教与学的理解、学习中的社会关系、学习资源等"多种情况"会影响学生的"价值量"。这反过来又引出了社会必要劳动时间的概念："可见，只是社会必要劳动量，或生产使用价值的社会必要劳动时间，决定该使用价值的价值量。"考虑到高利害标准化考试成绩与经济阶层及学生家庭和社区的社会、经济和生理健康相关的因素最密切相关，我认为考试衡量的是学生群体内积累的有差别的资源。或者，用马克思批判资本主义的话来说，因为在生活中资源较少的孩子含有较少凝固的社会劳动（或者因为在生活中拥有更多资源的孩子含有更多凝固的社会劳动），我们的考试测量的是培养不同学生群体所需的有差别并无法比较的社会必要劳动时间。

撇开测量问题不谈，即使高利害考试不测量教学和学习情况，它们也确实对美国各地的课堂产生了重大影响。最突出的影响就是这些考试以各种方式控制了教育过程。

控制教育

早在 2007 年 NCLB 法案风头正盛时，我就发表了一篇论文，系统地回顾了高利害考试对教学和课程影响的相关研究，在本书第一版中也重新讨论过这个问题。在我回顾的 47 项研究和在接下来两年为写书收集材料的过程中发现，教师实际上很明显在"应试教学"。例如，在 2003 年对全国近 4200 名教师进行的一项调查中，有 40% 的受访者表示，高利害考试的结果影响了他们的日常教学。另一个例子是，教育政策中心（Center on Education Policy）在 2007 年进行的一项全国性研究中发现，有 71% 的研究对象学区减少了小学课程的科目数，以增加考试科目的教学时间。这种现象也发生在多个州的多项研究中，以及规模更小、更具体的案例研究和焦点小组中。从当时的研究也可以清楚地看出，由于 NCLB 法案有相应惩处措施，考试成绩较低的学校和州在高利害问责制体系中压力更大，而 AYP 实际上是不可能实现的。

在准备撰写第二版《天生不平等》时，我决定去挖掘更多高利害考试对课程和教学的影响的最新相关研究。令人惊讶的是，我没有找到太多 2010 年之后关于这个问题的实证研究，而我找到的为数不多的一些较近期的资料都是基于 NCLB 法案时代的数据发表的论著。例如，在 2008 年大选期间对 6 名政府治理课老师的研究中，乔奈尔（Journell）发现所有老师都想教授有关选举的知识，但其中几位认为不能这样做，因为这无助于提高学生考试成绩。詹宁斯（Jennings）和比拉克（Bearak）对 NCLB 法案时代三个州的考试进行分析后发现，出于高利害责任的压力，老师将教学重点放在他们知道考试会考到的内容上。同样，在 NCLB 法案期间对一所学校进行的一项研究发现，在连续几年时间里，考试分数低迫使学校越来越关注州考试，数学和读写课程实际上完全变成了备考课。这所学校也放弃了对全纳教育的承诺，开始将学习英语的学生和接受特殊教育的学生分到以补习为重点的低阶班。格森（Gershon）关于文化、课程和考试的重要研究也借鉴了 NCLB 法案时代对三个班的研究，并发现了许多相同的问题。

不过，我自己也确实找到了一些关于高利害考试及与 CCSS 标准时代相关的应试教学的研究。在一项研究中，研究者访问了三所小学的教师，以了解他们对高利害考试的看法。受访对象反馈说，他们认为考试缩窄了课程范围，并减少了花在非考试科目上的时间。培根（Bacon）等人的分析跨越了 NCLB 法案和 CCSS 标准政策时代，而且还包含了更多近年来的证据。这些证据表明，为了应对高利害考试和基于标准的改革，有学习障碍的学生被分到备考的"优先课程"班。一项对两个小学班级跨越两个学年的多案例研究显示，尽管老师们采取了各种方式有目的地抵制校方希望他们遵循的以考试为中心的课程设置，但他们通常都会被行政人员强迫进行应试教学。在最近的另一项研究中，阿罗德（Arold）和沙基尔（Shakeel）通过全国教育进展评估（NAEP）的数据以及教师调查发现，CCSS 标准不仅会对非 CCSS 标准科目的成绩产生负面影响，而且由于老师将教学重点放在 CCSS 标准考试科目上，所以也对其他科目的教学产生了不利影响。

与任何研究领域有时会出现的情况一样，我意识到在
NCLB 法案时代早期对高利害考试对教学的影响进行了一系列
相关实证研究之后（包括我自己的研究），教育研究界就基本
达成了一个共识，即我们知道高利害考试会迫使学校和教师
在课程设置和教学中为应试做出相应调整。但根据近期的相
关研究，我认为在这些方面的情况还没有发生任何变化。事
实上，由于关于考试如何影响教学和学习的相关研究不足，
我认为应试教育的现实已经成为我们教育常识的一部分。因
此在这方面，我们应该将高利害考试和围绕它建立起来的问
责制理解为一种控制课堂实践的机制和控制教师和学生劳动
的形式。正如我在之前的研究中所讨论的，这种控制有多种
形式：

内容控制：研究中最一致的发现是课程内容被缩窄以匹
配预期考试内容，这通常意味着缩短了考试不考的内容的教
学时间，或者在极端情况下彻底砍掉这些内容。

形式控制：另一个一致的发现是高利害考试会影响知识
的形式。也就是说，研究发现教师针对考试形式改变了他们
所授内容的形式。这通常意味着为了备考，教师会根据备考
所需背诵的内容相应地安排知识点、教学步骤和数据资料。

教学控制：为高利害考试而改变内容和知识的结构形式
也意味着教师同时在改变教学方法。研究指出，教师采用了
更多以教师为中心的教学方法来覆盖考试对知识面的要求，

所教内容含有大量经常会出现在考试中的脱离情境的碎片内容。

官僚控制：鉴于高利害考试与州和联邦政府的政策相关，要求学生、教师和学校对考试成绩"负责"，所以我们也可以说考试也体现了官僚控制。官僚控制"体现在工作场所的等级社会关系中"，并且在高利害标准化考试体系将权力集中在联邦、州和学区官僚机构最高层的过程中。显而易见，这种官僚控制通常会从地方决策者和地方情境中夺走控制权。

话语控制：知识和文化关系紧密。由于高利害考试限制了教学法的类型、教学内容和所教内容的形式，并且这种限制是官僚权力认可的，那么我们也可以这样说，高利害考试产生的压力传达了在教育中谁能"胜任"或"不胜任"的特定规范——即谁是或谁不是"好"学生、老师或学校。这就是吉（Gee）所说的教育中的主导话语（特别强调话语一词），其中关于谁是、谁不是圈内人的文化规范通过语言、着装、仪式、运动、文化和身份等各种信号传达出来。通过使用与高利害考试相关的高度限制性措施和政策来确定谁能达标（或者谁是好学生或老师），考试从根本上确定了哪些学生和教师的身份在以考试为主的教育话语中是可被接受的。

意识控制：知识社会学的研究让我们明白，我们用来理解世界的知识类别，以及我们与他人就这些类别展开交流的方式，是意识构建的核心。此外，由于这些类别通常是通过历史过程、制度、文化和其他社会经济结构而建立起来的

（例如，我们的知识学科已有明确定义，与大学的发展相关，是更广泛社会进程的一部分，随着时间的推移不断演变），我们所接受的类别事实上在本质上具有高度政治性，体现了权力关系进入个人意识的方式。之前我们讨论的划定考试合格分数线的问题就是这方面的一个具体例子。基于前面提到的证据，我们可以看到，对于在课堂上什么样的知识、教学和学习形式被认为是合理或不合理的，包括如何将这些形式传达下去，高利害考试都划定了非常严格的界限。通过这种方式，我们可以看到高利害考试有助于控制我们对世界的看法，塑造教育空间内可接受的知识和身份类别。同样，由于教师和学生被迫在课堂上只能教、学考试决定的内容，考试也决定了我们应该如何感知这个世界的各种可能。

我们有必要认识到这些控制都是基于性别、种族和阶级的。根据美国教育部国家教育科学研究所（Institute of Educational Sciences）的最新数据，2017 至 2018 学年，美国公立学校有 350 万名教师，其中 79% 是白人，76% 是女性。2020 年秋季，美国公立学校约 4810 万名在校生中超过一半是非白人。根据 2018 至 2019 学年的最新可用数据，2620 万学生有资格享受免费或减价午餐，超过学生总数的 52%。相比之下，2020 年美国第 116 届国会成员中，78% 是白人，76% 是男性，其中大多数是百万富翁，净资产从 700 万美元到 2.6 亿美元不等。我做此比较是为了凸显这样一个事实，即我们基本上是在让以富有白人男性占绝大多数的群体为教育体系中以女性雇员（教师）和非白人贫苦家庭的学生为主体的群体制定教育政策。从本质上讲，那些在国会掌权的富有白人男性正在利用高利害标准化考试来控制以女性为主的教师队伍的课堂实践（劳动），以及以贫困非白人为主的学生的课堂体验。

标准化考试和监视

然而，标准化考试的作用不仅仅是将学生和学习商品化，让他们能够适应教育的生产模式。作为教育标准化过程的一部分，考试也与对教育过程的控制有关联。工厂生产的标准化能够增加对生产过程本身的控制，在许多方面也能控制生产者（劳动力）和产品。同样，应试教育下的标准化让我们在教育过程中增加了对教师（劳动力）和学生（产品）的控制。因此，正如伯莱克（Berlak）指出的那样，在标准化考试系统中：

有可能向"交付系统"注入更多的准则。当局可以确定哪些教师、学校和学区未能达到生产目标，并实施市场补救措施、私有化、学券、特许学校和其他鼓励学校争夺学生和资源的政策。

除了控制和标准化之外，高利害标准化考试体系还旨在进行约束。没有目的，没有框架，排名就没有意义。因此，我们根据准则创建了由考试确定的"赢家"和"输家"的类别，对学生加以区分。这就是如前所述的所有标准化考试所产生的钟形曲线逻辑的核心。

因此，标准化考试必须被看作是一种标记偏离规范状态的技术，也就是一种监视被标记为偏离了规范的人的形式。通过建立解释标准化考试结果等级的政治和意识形态的过程，有关当局能够监视教育生产过程，并标记出不符合规范或不在可接受范围内的人。用福科（Foucault）的话来说，高利害考试为规范权力的延伸创造了一个可见主体，

这种可见性确保了该主体在考试中可以行使的权力。正是由于该主体经常可见，而且总是具有这种可见性，被规范的个人才会始终受到支配。通过考试，权力不只彰显了自己的效力，不只在个人身上留下了自己的印记，而且还将个人束缚在客体化机制内。在这个受支配的空间中，规范权力本质上是通过安置客体来显示效力的。

因此，标准化考试系统将个人置于一个不断扩大的控制和监视网络之中，而它之所以能够起到作用，部分原因是在权力和监督的等级制度中，明确定义的"缺陷"变得"明显可见、针对个人、易于衡量，且高度污名化"。这种污名化成为在校内定义学生及决定以他们所受待遇的基础。正如艾普

所解释的那样：

> 通常，"偏离"标签具有本质化的特征，一个人……与一
> 个机构的全部关系都取决于适用于（他们）的类别。他或她
> 属于这个类别，也只能属于这个类别。因此，这样的标签不
> 是中立的，至少对这个人而言不具中立的意义。由于这些标
> 签包含了道德上的含义——这个孩子不仅与众不同而且还低
> 人一等——因此它们的应用会产生深远影响。这些标签影响
> 巨大，因为被贴上标签的人会受到相应形式的"待遇"，而这
> 又会强化相关的人在体制中所属的类别。

高利害标准化考试的功能是标记偏离状态，并决定学校
该如何对待那些被视为偏离了规范的人，这实际上解释了此
类考试为什么会对有学习障碍的学生的教育产生负面影响。
这些学生会被污名化，因考试成绩不好而经历分班和其他负
面教育体验，这方面将在下一章中进一步探讨。

远距离操控

我想要澄清的是，我在本章概述的广泛的控制和监视问
题并非——如许多学者所言——仅仅是高利害考试的"意外"
后果。实际上，建立在高利害标准化考试基础上的"问责制"
系统原本就旨在控制和规范学校和课堂的实践。著名的政策

保守派和倡导"择校"① 的莫伊（Moe）非常清楚地解释了其中的原因，他说：

> 学校问责制运动本质上是一种更有效地自上而下控制学校的运动。其中的逻辑是，如果政府想要提高学生成绩，就需要采用组织控制机制——考试、成绩单、奖惩措施等，旨在让学区官员、校长、教师和学生以富有成效的方式改变他们的行为……几乎所有组织都需要自上而下的控制，因为上层人员希望下层人员追求前者所设定的目标，而为了实现预期的行为，就必须采取相应措施。在这方面，公立学校系统与其他组织没有区别。

对推动基于考试的改革制度的人而言，他们的意图在政策设计的结构和结果中有明确体现，有设计就必然有意图，而其意图是为了消除存在于课堂实践和与考试分数相关的目标之间的不对称（目标由手握政治和官僚权力的人所设定），所以才会出现我在本章中所讨论的各种控制方式。因此，基于考试的高利害"问责制"系统在加强对教师实践的控制方

---

① 自 20 世纪 50 年代开始，关于美国学校种族隔离的争论逐渐演变成了公共教育私有化的"战斗口号"。择校运动（鼓励学生家庭选择私立及特许学校）的支持者利用教育券、税收优惠，乃至挪用公立学校资金等手段来为公共教育私有化谋取利益，择校运动更是受到了亿万富翁们的支持。——译者注

面很明显比较成功，因为教师已经改变并适应了考试所建立的规范，从而加强了政策制定者的意图与其政策所创造的制度环境之间的松散耦合。或者可以这样理解，政策制定者和州政府通过高利害考试加强对教师及其行为的控制，即对教育"生产"过程的控制。高利害标准化考试体系实际上就是一种"远程操控"的形式，是州政府利用其监管权力远程指挥当地教育实践者的行为的形式。

我在本章探讨了考试中的诸多问题，由于存在从统计不准确到评分不准确再到众多其他与成绩相关的因素，除了可以用高利害标准化考试来衡量贫困和种族主义在美国的累积影响（或者更准确地说，我们为学生投入的劳动力和资源的差异），我认为高利害标准化考试远非可以作为客观衡量学习或教学的标准。接着我要进一步说到的是，这些考试持续对教育过程产生着不当影响，不仅控制教学内容，还控制教学方法。这反过来意味着高利害考试被用来监视学生和教师，让他们时刻受到管理人员的约束。我将在下一章讨论所有这些因素以及前几章中讨论到的与历史和政治相关的问题是如何结合在一起，让高利害考试沦为了美国白人至上主义的工具。

参考文献

Adam, E. K., Heissel, J. A., Hittner, E. F., Doleac, J. L., Meer, J., & Figlio,

D. (2017). Adolescent cortisol responses to high-stakes testing in school-based settings. *Psychoneuroendocrinology*, 83, 85. https://doi.org/10.1016/j.psyneuen.2017.07.465.

Adler, M. (2014). Review of *"measuring the impact of teachers"* [Review]. National Education Policy Center. http://nepc.colorado.edu/thinktank/review-measuring-impact-of-teachers.

Agee, J. (2004). Negotiating a teaching identity: An African American teacher's struggle to teach in test-driven contexts. *Teachers College Record*, 106(4), 747-774.

Amnesty International. (2016, January 19). *Exposed: Child labour behind smart phone and electric car batteries*. Amnesty International. https://www.amnesty.org/en/latest/news/2016/01/child-labour-behind-smart-phone-and-electric-car-batteries/.

Amrein-Beardsley, A. (2014). *Rethinking value-added models in education: Critical perspectives on tests and assessment-based accountability*. Routledge.

Apple, M. W. (1986). *Teachers and texts: A political economy of class and gender relations in education*. Routledge & Kegan Paul.

Apple, M. W. (1995). *Education and power* (2nd ed.). Routledge.

Apple, M. W. (2004). *Ideology and curriculum* (3rd ed.). RoutledgeFalmer.

Arold, B. W., & Shakeel, M. D. (2021). *The unintended effects of common core state standards on non-targeted subjects* (Working Paper PEPG 21-03; Program on Education Policy and Governance Working Paper Series). Harvard Kennedy School. www.hks.harvard. edu/pepg/.

Au, W. (2007). High-stakes testing and curricular control: A qualitative metasynthesis. *Educational Researcher*, 36(5), 258-267.

Au, W. (2008). Devising inequality: A Bernsteinian analysis of high-stakes testing and social reproduction in education. *British Journal of Sociology of Education*, 29(6), 639-651.

Au, W. (2009a). High-stakes testing and discursive control: The triple bind for non-standard student identities. *Multicultural Perspectives*, 11(2), 65-71.

Au, W. (2009b). *Unequal by design: High-stakes testing and the standardization of inequality* (1st ed.). Routledge.

Au, W. (2011). Teaching under the new Taylorism: High-stakes testing and the standardization of the 21st century curriculum. *Journal of Curriculum Studies*, 43(1), 25–45. https://doi.org/10.1080/00220272.2010.521261.

Au, W. (2013). Hiding behind high-stakes testing: Meritocracy, objectivity and inequality in U.S. education. *The International Education Journal: Comparative Perspectives*, 12(2), 7–19.

Au, W., & Hollar, J. (2016). Opting out of the education reform industry. *Monthly Review*, 67(10), 29–37.

Bacon, J., Rood, C., & Ferri, B. (2016). Promoting access through segregation: The emergence of the "prioritized curriculum" class. *Teachers College Record*, 118(140304), 1–22.

Baker, B. D. (2002). The hunt for disability: The new eugenics and the normalization of school children. *Teachers College Record*, 104, 663–703.

Baker, B. D. (2010). *School finance 101: Rolling dice: If I roll a "6" you're fired!* http://schoolfinance101. wordpress.com/2010/07/28/rolldice/.

Baker, B. D. (2013, October 16). The value added & growth score train wreck is here. *School Finance 101*. https://schoolfinance101.wordpress.com/2013/10/16/the-value-added-growth-score-train-wreck-is-here/.

Baker, E. L., Barton, P. E., Darling-Hammond, L., Haertel, E., Ladd, H. F., Linn, R. L., Ravitch, D., Rothstein, R., Shavelson, R. J., & Shepard, L. A. (2010). *Problems with the use of student test scores to evaluate teachers*. Economic Policy Institute.

Berlak, H. (2000). Cultural politics, the science of assessment and democratic renewal of public education. In A. Filer (Ed.), *Assessment: Social practice and social product* (pp. 189–207). RoutledgeFalmer.

Berliner, D. C. (2013). Effects of inequality and poverty vs. teachers and schooling on America's youth. *Teachers College Record*, 115(12). http://www.tcrecord.org.

Bernstein, B. B. (1990). *The structuring of pedagogic discourse* (Vol. IV, 1st ed.). Routledge.

Bernstein, B. B. (1996). *Pedagogy, symbolic control, and identity: Theory, research, critique*. Taylor & Francis.

Beyer, L. E., & Apple, M. W. (Eds.). (1988). *The curriculum: Problems, politics, and possibilities*. State University of New York Press.

Bleiberg, J., Brunner, E., Harbatkin, E., Kraft, M. A., & Springer, M. G. (2021). *The effect of teacher evaluation on achievement and attainment: Evidence from statewide reforms* (Working Paper No. 21–496). Annenberg Institute. https://www.edworkingpapers.com/sites/default/files/ai21–496.pdf.

Boeckenstedt, J. (2020, January 10). Some final thoughts on the SAT and ACT. *Jon Boeckenstedt's Admissions Weblog*. https://jonboeckenstedt. net/2020/01/10/some–final–thoughts–on–the–sat–and–act/?fbclid=IwAR0ZBv h7hPkbbniDlD8Arn igl–xhKu5–ubb3fx2vlhvkefO42tPs9penL0c.

Braverman, H. (1974). *Labor and monopoly capital: The degradation of work in the twentieth century*. Monthly Review Press.

Brimijoin, K. (2005). Differentiation and high–stakes testing: An oxymoron? *Theory into Practice*, 44(3), 254–261.

Brosio, R. A. (1994). *A radical democratic critique of capitalist education* (1st ed.). Peter Lang.

Bryner, S. (2020). Racial and gender diversity in the 117th Congress. *Open Secrets*. https://www.opensecrets.org/news/reports/gender–and–race–2020.

Burch, P. (2007). Educational policy and practice from the perspective of institutional theory: Crafting a wider lens. *Educational Researcher*, 36(2), 84–95.

Calucci, L., & Case, J. (2013). On the necessity of u–shaped learning. *Topics in Cognitive Science*, 5(1), 56–88. https://doi.org/10.1111/tops.12002.

Carlson, D. L. (1988). Curriculum planning and the state: The dynamics of control in education. In L. E. Beyer & M. W. Apple (Eds.), *The curriculum: Problems, politics, and possibilities* (pp. 98–115). State University of New York Press.

CEP. (2007). *Choices, changes, and challenges: Curriculum and instruction in the NCLB era* (p. 20). Center on Education Policy. www.cep.org.

Chang, T. Y., & Kajackaite, A. (2019). Battle for the thermostat: Gender and the effect of temperature on cognitive performance. *PLoS One, 14*(5), 1–10. https://doi. org/10.1371/journal. pone.0216362.

Clarke, M., Shore, A., Rhoades, K., Abrams, L. M., Miao, J., & Li, J. (2003). *Perceived effects of state-mandated testing programs on teaching and learning: Findings from interviews with educators in low-stakes, medium-stakes, and high-stakes states.* National Board on Educational Testing and Public Policy, Lynch School of Education, Boston College. http://www.bc.edu/research/nbetpp/reports.html.

Darling–Hammond, L. (2007). Race, inequality and educational accountability: The irony of "no child left behind." *Race, Ethnicity, and Education*, 10(3), 245–260.

Debray, E., Parson, G., & Avila, S. (2003). Internal alignment and external pressure. In M. Carnoy, R. Elmore, & L. S. Siskin (Eds.), *The new accountability: High schools and highstakes testing* (pp. 55–85). RoutledgeFalmer.

De Lissovoy, N., & McLaren, P. (2003). Educational "accountability" and the violence of capital: A Marxian reading. *Journal of Educational Policy*, 18(2), 131–143.

DiMaggio, D. (2010). The loneliness of the long–distance test scorer. *Monthly Review*, 62(7). http://monthlyreview.org/2010/12/01/the–loneliness–of–the–long–distance–test–scorer.

Ever–Hillstrom, K. (2020). Majority of lawmakers in 116th Congress are millionaires. *Open Secrets, Center for Responsive Politics.* https://www.opensecrets.org/news/2020/04/majority–of–lawmakers–millionaires/.

Farley, T. (2009a). *Making the grades: My misadventures in the standardized testing industry.* Berrett–Koehler Publishers.

Farley, T. (2009b). My misadventures in the standardized testing industry. *The Answer Sheet.* http://voices.washingtonpost.com/answer–sheet/standardized–tests/–gerald–martin eaupost–today–my.html.

Farley, T. (2010). A test scorer's lament. *Rethinking Schools*, 23(2). http://www. rethinkingschools. org/archive/23_02/test232.shtml.

Fielding, C. (2004). Low performance on high–stakes test drives special education referrals: A Texas survey. *The Educational Forum*, 68(2), 126–132.

Foucault, M. (1995). *Discipline and punish: The birth of the prison* (A. Sheridan, Trans.). Vintage Books.

Garber, M. D., Stanhope, K. K., Cheung, P., & Gazmararian, J. A. (2018). Effect of cardiorespiratory fitness on academic achievement is stronger in high-SES elementary schools compared to low. *Journal of School Health*, 88(10), 707–716.

Gayler, K. (2005). *How have exit exams changed our schools? Some perspectives from Virginia and Maryland* (p. 28). Center on Education Policy. http://www.cep-dc.org/highschoolexit/change/CEP_HS_EE_9June2005.pdf.

Gee, J. P. (1996). *Social linguistics and literacies: Ideology in discourses* (2nd ed.). RoutledgeFalmer.

Gershon, W. S. (2017). *Curriculum and students in classrooms: Everyday urban education in an era of standardization.* Lexington Books.

Gerwin, D., & Visone, F. (2006). The freedom to teach: Contrasting history teaching in elective and state-tested course. *Social Education*, 34(2), 259–282.

Goodman, J., Hurwitz, M., Park, J., & Smith, J. (2018). *Heat and learning* (Working Paper No. 24639). National Bureau of Economic Research. http://www.nber.org/papers/w24639.

Gunn, J., Al-Bataineh, A., & Al-Rub, M. A. (2016). Teachers' perceptions of highstakes testing. *International Journal of Teaching and Education*, IV(2), 49–62. https://doi. org/10.20472/TE.2016.4.2.003.

Haas, E., Wilson, G., Cobb, C., & Rallis, S. (2005). One hundred percent proficiency: A mission impossible. *Equity & Excellence in Education*, 38(3), 180–189.

Hanson, A. F. (2000). How tests create what they are intended to measure. In A. Filer (Ed.), *Assessment: Social practice and social product* (pp. 67–81). RoutledgeFalmer.

Heissel, J. A., Adam, E. K., Doleac, J. L., Figlio, D., & Meer, J. (2021). Testing, stress, and performance: How students respond physiologically to high-stakes testing. *Education Finance and Policy*, 16(2), 183–208. https://doi. org/10.1162/edfp_a_00306.

Heissel, J. A., Levy, D. J., & Adam, E. K. (2017). Stress, sleep, and performance on standardized tests: Understudied pathways to the achievement gap. *AERA Open*, 3(3), 1–17. https://doi.org/10.1177/2332858417713488.

Hikida, M., & Taylor, L. A. (2020). "As the test collapses in": Teaching and learning amid high–stakes testing in two urban elementary classrooms. *Urban Education*, 1–29. https://doi.org/org/10.1177/0042085920902263.

Holloway–Libell, J., & Amrein–Beardsley, A. (2015, June 29). "Truths" devoid of empirical proof: Underlying assumptions surrounding value–added models in teacher evaluation. *Teachers College Record Commentary*. https://www.tcrecord.org/Content. asp?ContentId=18008.

Irwin, V., Zhang, J., Wang, X., Hein, S., Wang, K., Roberts, A., York, C., Barmer, A., Mann, F. B., Dilig, R., Parker, S., Nachazel, T., Barnett, M., & Purcell, S. (2021). *Report on the condition of education 2021* (NCES 2021–144). National Institute of Education Sciences, U.S. Department of Education. https://www.google.com/url?sa=t&rct=j&q=&esrc=s&source=web&cd=&ved=2ahUKEwi3_Mb–jfjzAhVVGDQIHdPiCK QQFnoECBAQAQ&url=https%3A%2F%2Fnces.ed.gov%2Fpubs2021%2F2021144. pdf&usg=AOvVaw0ZE39H0–0JWok2I35NUBjL Jacobs, J. (2015, March 25). How is this fair? Art teacher is evaluated by students' math standardized test scores. *The Answer Sheet*. https://www.washingtonpost.com/news/answer–sheet/wp/2015/03/25/how–is–this–fair–art–teacher–is–evaluated–bystudents–math–standardized–test–scores/.

Jennings, J. L., & Bearak, J. M. (2014). "Teaching to the test" in the NCLB era: How test predictability affects our understanding of student performance. *Educational Researcher*, 43(8), 381–389. https://doi.org/10.3102/0013189X14554449.

Jones, B. D. (2007). The unintended outcomes of high–stakes testing. *Journal of Applied School Psychology*, 23(2), 65–86.

Journell, W. (2010). The influence of high–stakes testing on high school teachers' willingness to incorporate current political events into the curriculum. *The High School Journal*, 93(3), 111–125. https://doi.org/10.1353/hsj.0.0048.

Kane, T. J., & Staiger, D. O. (2002). Volatility in school test scores:

Implications for testbased accountability systems. In D. Ravitch (Ed.), *Brookings papers on education policy 2002* (1st ed., pp. 235–284). The Brookings Institution.

Katwala, A. (2018, May 8). The spiralling environmental cost of our lithium battery addiction. *Wired*. https://www.wired.co.uk/article/lithium–batteries–environment–impact.

Kuo, M., Browning, M. H. E. M., Sachdeva, S., Lee, K., & Westphal, L. (2018). Might school performance grown on trees? Examining the link between "greenness" and academic achievement in urban, high–poverty schools. *Frontiers in Psychology*, 9(1669), 1–14.

Lapayese, Y. V. (2007). Understanding and undermining the racio–economic agenda of "no child left behind" : Using critical race methodology to investigate the labor of bilingual children. *Race, Ethnicity, and Education*, 10(3), 309–321.

Linn, R. L. (2003, July). *Accountability, responsibility and reasonable expectations*. Center for the Study of Evaluation, National Center for Research on Evaluation, Standards, and Student Testing, Graduate School of Education & Information Studies, University of California. http://www.cse.ucla.edu/products/reports_set.htm.

Lipman, P. (2004). *High stakes education: Inequality, globalization, and urban school reform*. RoutledgeFalmer.

Madaus, G. F. (1994). A technological and historical consideration of equity issues associated with proposals to change the nation's testing policy. *Harvard Educational Review*, 64(1), 76–95.

Martin, P. C. (2016). Test–based education for students with disabilities and English language learners: The impact of assessment pressures on educational planning. *Teachers College Record*, 118(140310), 1–24.

Marx, K. (1967). *Capital: A critique of political economy* (Vol. 1, S. M. Aveling & E. Aveling, Trans.). International Publishers.

McGuire, M. E. (2007). What happened to social studies? *Phi Delta Kappan*, 88(8), 620–624.

McNeil, L. M. (2000). *Contradictions of school reform: Educational costs* of standardized testing. Routledge.

McNeil, L. M. (2005). Faking equity: High–stakes testing and the education of Latino youth. In A. Valenzuela (Ed.), *Leaving children behind: How "Texas-style" accountability fails Latino youth* (pp. 57–112). State University of New York.

Menter, I., Muschamp, Y., Nicholl, P., Ozga, J., & Pollard, A. (1997). *Work and identity in the primary school*. Open University Press.

Moe, T. M. (2003). Politics, control, and the future of school accountability. In P. E. Peterson & M. R. West (Eds.), *No child left behind?: The politics and practice of school accountability* (pp. 80–106). Brookings Institution Press.

National Center for Educational Statistics. (2020). *Number and percentage of public school students eligible for free or reduced-price lunch, by state.* Digest of Education Statistics.

National Center for Educational Statistics. (2021). *Fast facts: Back-to-school statistics.* National Center for Educational Statistics. https://nces.ed.gov/fastfacts/display. asp?id=372#K12–enrollment.

National Poverty Center. (2017). *Poverty in the United States: Frequently asked questions.* National Poverty Center: Poverty Facts. http://www.npc.umich.edu/poverty/.

Natriello, G., & Pallas, A. M. (2001). The development and impact of high–stakes testing. In G. Orfield & M. L. Kornhaber (Eds.), *Raising standards or raising barriers?: Inequality and high-stakes testing in public education* (pp. 19–38). Century Foundation Press.

Nelson, R. J. (2002). *Closing or widening the gap of inequality: The intended and unintended consequences of Minnesota's basic standards tests for students with disabilities* [Doctoral Dissertation, University of Minnesota].

Noble, D. F. (1977). *America by design: Science, technology, and the rise of corporate capitalism.* Alfred A. Knopf.

Pedulla, J. J., Abrams, L. M., Madaus, G. F., Russell, M. K., Ramos, M. A., & Miao, J. (2003). *Perceived effects of state-mandated testing programs on teaching and learning: Findings from a national survey of teachers.* National Board on Educational Testing and Public Policy, Lynch School of Education,

Boston College. http://www.bc.edu/research/nbetpp/reports.html.

Popham, W. J. (2001). *The truth about testing: An educator's call to action*. Association for Supervision and Curriculum Development (ASCD).

Renter, D. S., Scott, C., Kober, N., Chudowsky, N., Joftus, S., & Zabala, D. (2006). *From the capital to the classroom: Year 4 of the no child left behind act* (p. 214). Center on Education Policy. http://www.cep-dc.org.

Sass, T. R. (2008). *The stability of value-added measures of teacher quality and implication for teacher compensation* [Policy Brief]. National Center for Analysis of Longitudinal Data in Educational Research.

Schochet, P. Z., & Chiang, H. S. (2010). *Error rates in measuring teacher and school performance based on test score gains* (NCEE 2010–4004; p. 59). U.S. Department of Education, Institute of Educational Sciences, National Center for Educational Evaluation and Regional Assistance. http://ies.ed.gov/ncee/pubs/20104004/pdf/20104004.pdf.

Sievertsen, H. H., Gino, F., & Piovesan, M. (2016). Cognitive fatigue influences students' performance on standardized tests. *PNAS*, *113*(10), 2621–2624. https://doi.org/www. pnas.org/cgi/doe/10.1073/pnas.1516947113.

Sleeter, C. E. (2005). *Un-standardizing curriculum: Multicultural teaching in the standards-based classroom*. Teachers College Press.

Smith, M. L. (2004). *Political spectacle and the fate of American schools*. RoutledgeFalmer.

Strauss, V. (2015, September 30). How much do big education nonprofits pay their bosses? Quite a bit, it turns out. *The Answer Sheet*. https://www.washingtonpost.com/news/answer-sheet/wp/2015/09/30/how-much-do-big-education-nonprofits-paytheir-bosses-quite-a-bit-it-turns-out/.

Sunderman, G. L., & Kim, J. S. (2005, November 3). *The expansion of federal power and the politics of implementing the no child left behind act*. Teachers College Record. http://www. tcrecord.org/printcontent. asp?contentID=12227.

Tan, X., & Michel, R. (2011). Why do standardized testing programs report scaled scores?: Why not just report the raw or precent-correct scores? *ETS R&D Connections*, *16*. https://www.ets.org/Media/Research/pdf/RD_

Connections16.pdf.

Tienken, C. H., Colella, A., Angelillo, C., Fox, M., McCahill, K., & Wolfe, A. (2017). Predicting middle level state standardized test results using family and community demographic data. *Research in Middle Level Education*, 40(1), 1–13. https://doi.org/10. 1080/19404476.2016.1252304.

Toch, T. (2006). *Margins of error: The education testing industry in the no child left behind era* (p. 23). Education Sector. http://www.educationsector. org.

Vinson, K. D., & Ross, E. W. (2003). Controlling images: The power of high–stakes testing. In K. J. Saltman & D. A. Gabbard (Eds.), *Education as enforcement: The militarization and corporatization of schools* (pp. 241–258). RoutledgeFalmer.

Vogler, K. E. (2005). Impact of a high school graduation examination on social studies teachers' instructional practices. *Journal of Social Studies Research*, 29(2), 19–33.

Weber, M. (2015, September 25). Common core testing: Who's the real "liar"? *Jersey Jazzman*. http://jerseyjazzman.blogspot.com/2015/09/common–core–testing–whos–realliar. html.

Weber, M. (2016, April 27). The PARCC silly season. *Jersey Jazzman*. http://jerseyjazzman. blogspot.com/2016/04/the–parcc–silly–season.html.

Weivoda, A. (2002, June 5). We hung the most dimwitted essays on the wall. *Salon.Com*. http://www.salon.com/2002/06/05/scorer/.

White, G. W., Stepney, C. T., Moceri, D. C., Linskey, A. V., & Reyes–Portillo, J. A. (2016). The increasing impact of socioeconomics and race on standardized academic test scores across elementary, middle, and high school. *American Journal of Orthopsychiatry*, 86(1), 10–23.

Wößmann, L. (2003). Central exit exams and student achievement: International evidence. In P. E. Peterson & M. R. West (Eds.), *No child left behind?: The politics and practice of school accountability* (pp. 292–324). Brookings Institution Press.

Wu, C. D., McNeely, E., Cedeno–Laurent, J. G., Pan, W. C., Adamkiewicz, G., Dominici, F., Lung, S. C. C. L., Su, H. J., & Spengler, J. D. (2014). Linking student performance in Massachusetts elementary schools with the "greenness" of school surroundings using remote sensing. *PLoS One*, 9(10), 1–9. https://doi.org/10.1371/journal.pone.0108548.

Yeh, S. S. (2006). Limiting the unintended consequences of high-stakes testing. *Education Policy Analysis Archives*, 13(43). http://epaa.asu.edu/epaa/v13n43/.

Ysseldyke, J., Nelson, R. J., Christensen, S., Johnson, R. D., Dennison, A., Triezenberg, H., Sharpe, M., & Hawes, M. (2004). What we know and need to know about consequences of high-stakes testing for students with disabilities. *Exceptional Children*, 71(1), 75–94.

5

高利害考试
和白人至上主义

在本书的前四章中，我就高利害标准化考试提出了一系列观点。在第一章中，我研究了学校与不平等再生产之间的关系，强调了高利害考试在这种关系中发挥的核心作用。在第二章中，我分析了现代新自由主义改革如何在竞争激烈的教育市场中通过考试来塑造和认识教育。在第三章中，我在资本主义生产的历史教育框架内追溯了考试中新自由主义教育范式的根源，以及它如何与优生学运动互相影响。在第四章中，我讨论了高利害考试的控制和监视作用，此外还讨论了高风险测试的假定客观性，并指出考试本身存在许多不准确之处。

在第五章中，我将把前几章的一些想法与其他信息结合在一起，从全新角度提出一个观点，即高利害标准化考试显然在支持学校教育中的白人至上主义。我首先考察了在考试制度实行之初，精英管理、优生学和白人至上主义意识形态交集的情况；接着结合课程、种族、残障教育、新自由主义和监禁率来研究高利害标准化考试在现代对有色人种（尤其是黑人和棕色人种）学生的影响；最后讨论了带有客观性假设、对有色人种学生群体进行比较和排名的标准化考试范式如何深深植根于直接源自欧洲中心主义和资本主义的范式。

标准化考试、唯才主义和白人规范

正如我在前几章中所讨论的，标准化考试产生的分数被认为是相对客观和准确的。在这一假设的基础之上，我们根据分数来比较学生、教师和学校，并根据分数做出有关资源分配或惩处手段的高利害决定。如果考试没有提供准确、客观的分数，那么比较、增值模型、用于判断、排名等的指标就没有了基础。基本上，如果没有基于此假设的数据，整个现代教育政策的结构就将不复存在。正如我在第三章中进一步讨论的那样，这种对标准化考试的客观准确性的假设可以追溯到美国开展标准化考试之初，因为当时考试与社会效率运动和科学管理在教育中的应用非常契合。事实上，正是这个假设让早期的标准化考试成为对学生进行分类（产生了教育跟踪）的高效工具，并且还验证了优生学对智商的理解。具有讽刺意味的是，正如萨克斯所解释的那样，由于人们相信考试具有客观性，一些人认为它能够挑战当时僵化的社会和经济阶级不平等现象：

披上完全客观的外衣，并被描述成是经验"科学"的标准化考试将对因家族出身而固化的阶级特权的腐蚀性危害敲响丧钟。

许多人以为考试面前人人平等，而且考试具有透明度和客观性，所以他们认为标准化考试能够挑战美国历史上一直存在的裙带关系和精英贵族。由于人们假定考试能对个人进行公平和客观的测量，标准化考试因此被定性为挑战种族、阶级和性别等级制度的手段之一，保证每个参加考试的人都能获得公平和平等的机会，并能在教育、社会和经济方面取得成功。推而广之，据称制度化的种族主义和阶级特权等问题都可以通过考试得到改善。标准化考试被描述为挑战社会、经济和教育等级制度的一种手段，这种想法植根于美国唯才主义的治国理念。也就是说，无论社会地位、经济阶层、性别或文化（或任何其他形式的差异）如何，只要具备能力、努力工作并做出正确的选择，任何人都可以为了获得成功，自由平等地与其他人展开竞争。

然而，在社会经济不平等的（再）生产中，强调个人努力和发挥个人所长的标准化考试服务于一个特定的意识形态目的。正如比斯莱特（Bisseret）所写，唯才主义的意识形态打着个体之间存在有差别的"天赋"才能的幌子，掩盖了结构性的不平等：

总体而言，由机构确保选择过程公正公平、为每个人提供平等的机会来发展"真实"才干的这种看法，构成了让社会秩序合理化的概念的基石。社会秩序建立在个人价值之上，而人又在根本上被视为是天生不平等的。

比斯莱特的解释非常清楚，强调个人价值的意识形态取向让占统治地位的精英得以证明，其在社会和经济中的重要地位是通过个人努力，而非系统性特权而获得的。比斯莱特进一步指出，天资概念是欧洲崛起的资产阶级开发的意识形态工具之一，以证明其刚刚获得的社会和经济权力地位是正当的，坚称法律面前人人平等。因此，对唯才主义最好的理解可能是资本主义生产逻辑在意识形态上的延伸，根据这种逻辑，各产品和生产者在教育和社会市场上"自由"竞争，只有"最好"的产品和最勤奋的生产者才能出人头地，而失败者之所以失败，只是因为不够努力，或没有做出正确的选择。这种逻辑直接源于"新自由主义之父"米尔顿·弗里德曼（Milton Friedman），他在《资本主义与自由》（*Capitalism and Freedom*）一书中写道："作为自由主义者，在判断社会制度时，我们以个人或家庭的自由为最终目标。"在此过程中，弗里德曼在自由主义（侧重于个人自由）和自由市场资本主义之间划清了界限，表明只有市场是自由的才能保障个人进行自由选择。通过唯才主义应用于考试的这种意识形态在实践中体现了资本主义市场的无形之手，并最终否定了社会经济体系在维持不平等方面可能发挥的作用。由此，学校"可以声称它们坚持唯贤主义的原则，而实际上在划分学生的时候反映出的却是每个人在班级系统中的位置"。此外，正如麦克莱恩（MacLean）所指出的那样，弗里德曼关于"教育自由"的论点也与种族有关，在 20 世纪 50 年代，他曾积极利用南方白人对废除种族隔离政策的不满来推进择校计划。

按照白人至上主义的说法，如果标准化考试能够客观评价学习效果，那么有色人种工人阶级的孩子考试成绩低、学习不好的原因就是他们自身的不足（个人、文化、种族或其他方面）、不够努力、选择不当或缺乏"毅力"。正如卡里尔（Karier）所解释的那样，这种将标准化考试构建为一种客观绩效衡量标准的做法是由那些相信只有自己才足够优越的当权者所建立的：

大多数考试机构拒绝承认它们可能是特权、权力和地位的仆人，而宁愿相信并"希望"它们所衡量的是真正的"长处"。这也是一种基于信仰的行为，这种信仰背后的看法是"更为尊贵的职业"以及从事这些职业并提供考试客观标准的人能有这样的地位，凭借的不是特权、财富、权力地位和暴力，而是过人的才能和品德。这是 20 世纪美国教育中出现的自由主义者唯才主义信仰的基本原则。

回想一下本书的第三章，我概述了美国标准化考试的起源。最初推广标准化考试的是 20 世纪之交的心理学家，他们坚信种族主义和阶级主义的 IQ 概念，其中一些人积极参与了当时种族主义和带有阶级歧视的优生学运动。这些心理学家——耶基斯、特曼、戈达德等人——开发的 IQ 测试测量过 175 万新兵，经过调整后最终在不断发展的大众公共教育系统中得到了广泛应用。他们坚信这些测试真的能够客观测量人类的智力水平，并利用科学"客观"的考试所产生的数据来论证，他们已经"证明了"东欧和南欧肤色较深的人不如皮肤较白的西欧和北欧人聪明。他们还断言，考试结果显示，非裔美国人在所有种族中最不聪明。后来，研究人员用特曼的测试在多个州重现了这样的结果，因此当时的优生学家一致认为种族混杂正在传播非裔美国人、其他非白人和移民所谓的劣等智力基因。

这些种族主义、优生学的论点自然而然地融入了这些心理学家对学校教育的看法。特曼自己认为，学生应根据 IQ 测试结果按"智障""愚钝""中等""高智"这四个类别接受相应的教育。根据他的 IQ 测试结果，在黑人和棕色人种中存在"智障"，特曼评论道：

这一类别的人频繁出现在印度人、墨西哥人和黑人中，这一事实强有力地表明，必须通过实验方法重新研究心智特征种族差异的问题。这个群体的孩子应该集中接受特殊课程，并给予具体和实用的指导。

他们做不到成绩优秀，但通常可以成为高效的工人，自给自足。尽管从优生学的角度来看，由于这一群体生育率异常之高，构成了严重的问题，但目前还不可能说服社会不允许它们生育下一代。

请记住，正如我在第二章中讨论的那样，特曼的测试（他参与开发的斯坦福评定测验和他自己的特曼群体智力测验）在学校流行开来，因为各学区急于使用这项技术对学生群体进行分层，并根据这些种族主义的 IQ 测试成绩追踪学生的学习情况。例如，在 20 世纪 20 年代的美国西部和西南部，洛杉矶、休斯敦、凤凰城、埃尔帕索和圣安东尼奥等主要城市都用 IQ 测试专门为美国公立学校的墨西哥裔学生创建特殊课程。这让我们想起了这些测试在支持白人至上主义的定居者殖民主义和制度化种族主义制度背景下的开发过程。创建和管理测试，并对测试做出解释、分析、报告和理解的都是（并且现在仍然是）真实存在的人，而这些人都具有社会、文化、种族和经济地位、既得利益、被质疑或未被质疑的假设、偏见、历史等。此外，由于标准化考试假定具有客观性（引申开来，也假定种族中立），这事实上有效地合理化并掩盖了与种族主义和白人至上主义相关的结构性不平等，以天赋"自然"为由，对贫困儿童和有色人种儿童区别对待。在这方面，SAT 高考是一个跨越了过去 100 年的具有启发性的例子。

SAT 考试的讽刺

SAT 考试在 20 世纪曾换过几个名字。它首次出现于 1926 年，当时叫作学术能力测验（Scholastic Aptitude Test），20 世纪 90 年代最终更名为学术评估测验（Scholastic Assessment

Test），现在就叫 SAT，不是任何名称的缩略。SAT 起源于
100 多年前耶基斯主持的陆军 IQ 测验，他的助手卡尔·布里
格姆（Carl Brigham）将这些测验内容改编成了大学入学考试。
当时，和耶基斯同为优生学家的布里格姆（Brigham）认为智力
是天生的。例如，在他 1923 年根据 IQ 测验所著的《美国智力
水平研究》（A Study of American Intelligence）中，他认为：

> 由于黑人的存在，美国智力水平的下降速度将比欧洲各
> 国更快。研究所示的这些事实虽然丑陋，但简单明了。然而，
> 如果可以唤起公众行动来阻止这一进程，那么美国智力水平
> 的恶化并非不可避免。

具有讽刺意味的是，身为种族主义优生学家的布里格姆
和其他一些人一时冲动，出于平等主义，要设计一个大学入
学考试。直到 20 世纪初期之前，只有白人、精英、富裕家庭
的成员才能进入以白人为主的大学，通常以父亲和祖父都入
读过同一间大学的传统作为入学条件。① 因为布里格姆和其他
人认为他们设计的考试是客观的衡量标准，能给每个参加考
试的人证明自己能力的机会，他们认为像 SAT 这样的"客观"

---

① 需要明确的是，当时正在兴建黑人高等教育机构，个别美国黑人确
实上了白人大学并毕业，如 1895 年在哈佛大学获得博士学位的第
一个美国黑人 W.E.B. 杜波依斯（W.E.B. DuBois）。

考试可以打破阻碍普通人争取上大学的精英主义的垄断。所有人都能在申请大学时获得公平平等的机会，无论他们在所谓客观的SAT眼中是谁。有趣的是，布里格姆后来改变了其基于生物学的优生学智力观，最终后悔当初设计了SAT考试，并承认"不考虑所有训练或学校教育的影响，认为考试能简单纯粹地测量智力"的想法是"科学史上大错特错的谬误之一"。他后来又补充说，"考试成绩肯定是一个综合体现，体现了包括学校教育、家庭背景、英语的熟练程度在内的所有相关和不相关的因素"。然而，尽管布里格姆做出了转变，但木已成舟，无论如何SAT都走上了在大学录取中再现种族和经济阶层不平等的轨道。

源于种族主义和优生学的SAT已有近100年的历史，现在对它的研究能够说明标准化考试开发背后的"科学"如何在功能上隐藏了白人至上主义的结果。我们知道SAT分数一直再现了种族和阶级不平等，它基本上反映了参加考试的学生的收入水平和家庭教育水平，这些因素也对种族表现差异有同样的影响。我们可以在SAT试题选择过程中隐藏的种族因素里找到历史原因。例如，基德（Kidder）和罗斯纳（Rosner）在一项研究中查看了参加过多项SAT考试的30多万名考生的种族分布情况，并将其与从试测阶段进入最终真实考试试卷的题目进行了比较（通常选用部分试题作为"试测"卷）。基德和罗斯纳发现，黑人和拉丁裔学生在回答SAT试测的部分题目时，正确率分别都比白人更高，然而这些题目却被认为无效，无法用作未来考试的真题，因为它们基本上颠覆了 SAT 考试的典型种族结果。为什么呢？因为它们不符合对 SAT 考生的整体预期结果，因为在这些题目上比白人学生答对概率更高的黑人和拉丁裔学生并没有在整体得分上超过白人学生。罗斯纳在双周刊《国家》（*The Nation*）中写道：

> ETS 选择的每道 SAT 题目都需要与整体考试的结果相对应。因此，如果高分考生——更有可能是白人——在（试测）预测中能正确回答某一道题目，那么这是一道可靠的 SAT 题目；如果不能，就得将这道题从题库中删除了。种族和族裔并没有明确作为选题标准，但体现了种族差异的分数决定了试题的选择，这反过来又在内部强化循环中再现了有种族差异的考试结果。

问题在于，从统计数据来看，白人学生在 SAT 考试中的平均成绩优于黑人学生。得分较高的学生（据统计往往是白人）的 SAT 试测题目的正确率高于通常得分较低的学生（往往是非白人），确保了试题选择过程本身就是一个种族偏见自我强化的内在循环。[1]

用统计信度和效度的语言描述包装的试题开发和选择过

---

[1] 罗斯纳（Rosner）还讨论了在挑选 SAT 数学题目时对女性的类似偏见。

程本应与种族无关，最终却在试题选择过程中带入了强烈的种族偏见结果。可以说，尽管 SAT 的起源背后是唯才主义的想法，但最终结果体现的却是白人至上主义。此外，值得注意的是，最近对 SAT 的研究发现考试题目中还存在着其他形式的种族和文化偏见，在 SAT 题目序列中靠前较简单的问题中发现了重大偏差。哈特曼（Hartman）认为这种现象是在种族和"美国人"身份问题的交集点上产生的，认为 SAT 考试：

> 未能偏离过去对美国人的定义。诚然，在实施 SAT 考试之后，黑人和其他少数族裔群体有了更多的机会，但对大多数人来说这只是一个幻影。SAT 考试与其他融合项目一样，没有考虑黑人或女性身份——在这个讨论中指不同的学习方式。为了通过 SAT 建立一个融合得更加彻底的社会，来适应美国身份的责任放在了黑人肩上。SAT 考试进一步牢固地确立了一种看似难以捉摸的白人身份，即事实上的美国人身份。

因此，SAT 考试说明了标准化考试就是白人至上主义的工具，原因很简单，它们让考试的种族差异结果看起来更像是这个世界客观自然运作的产物，"科学地"合理化了现有的种族秩序，同时也给出了考试评估人人平等的虚假承诺。

种族主义优生学今天仍然存在

我们有必要注意到，SAT 考试分数中的种族不平等问题一直持续了一个世纪，关于智力的白人至上主义优生学观点在过去的 100 年里也同样从未消失过。例如，在 20 世纪 90 年代中期，《钟形曲线》一书的作者声称不同种族在智力上有高低之分，非裔美国人是所有种族中最不聪明的，智商低于拉丁裔、白人和亚裔美国人（根据作者的说法，亚裔美国人被认为是最聪明的）。与之前的耶基斯和布里格姆一样，赫恩斯坦和默里的结论也是基于对标准化考试成绩的分析。尽管针对《钟形曲线》中提出的论点有大量实质性和批判性的回应，但在右翼试图复兴"种族科学"的过程中，一些学者仍然坚持这种种族主义优生学的立场，而此过程与美国转向白人至上主义、基督教民族主义的趋势是相重叠的。

例如，拉什顿（Rushton）和詹森（Jensen）在对文章《种族和认知能力研究三十年》（*Thirty years of research on race and cognitive ability*）的分析中断言，智力有基于基因的种族差异（詹森是加州大学伯克利分校教育心理学名誉教授）。其他学者研究了教育、种族和薪酬之间的关系，如芝加哥联邦储备银行的高级经济学家巴罗（Barrow）和普林斯顿大学经济学和公共事务教授劳斯（Rouse）。他们在研究中明确以赫恩斯坦和默里的研究结果作为分析的基线。2006 年的一项研究认为，德系犹太人天生比其他人种更聪明，这一论点随后被著名公知斯蒂芬·平克（Stephen Pinker）进一步宣扬。
2014 年，前《纽约时报》科学记者尼古拉斯·韦德（Nicholas
Wade）撰写了《天生的烦恼：基因、种族与人类历史》（*A
Troublesome Inheritance*：*Genes,race and human history*）一书。
他在书中指出，不同种族的大脑进化方式不同，其论点的基
础就是 IQ 测试成绩的种族差异。正如我们在下一节中看到的
那样，这种白人至上主义政治也延续到了现代 K-12 的高利害
标准化考试中。

现代高利害考试的白人至上主义影响

高利害标准化考试支持白人至上主义的主要方式之一是
其在教育过程中对非白人学生（尤其是黑人和拉丁裔学生）
带来的差别性影响。正如我在第四章中讨论的那样，大量研
究指出了高利害考试限制课程和教学法的方式。为了直接应
对高利害标准化考试带来的压力，教师越来越多地采用学生
参与较少、更以教师为中心、要求死记硬背的授课方式，以
覆盖考试内容。在某些情况下，教师上课时必须遵循学区对
上课内容的具体规定。此外，由于高利害标准化考试的作用
是将不合格学生集中在低收入有色人种群体中，这种应试课
程和对教学施压的现象在这些人群中出现的概率要高得多。
因此，高利害考试的结果就是，低收入有色人种的学生与更
富裕的同龄白人学生相比，在教育体验方面有着本质上的

差别——后者更有可能获得学生参与度更高、内容更丰富的教育。

这种现象对非白人学生具有广泛的影响。由此产生的一个关键问题是，为了应对考试，种族和文化探索的课程尤其受到了忽略。或者换句话说，高利害标准化考试从课程中减去了多元文化、反种族主义的视角，创造了一种从非白人多元教育走向忽略种族的色盲规范运动，最终支持的是白人文化课程。例如，研究发现，在美国一些州的世界历史、地理和美国历史考试中，高利害考试主要提倡的是欧洲中心论和西方白人观点。这一发现应该不足为奇。其他研究也都显示，考试涵盖的国家标准和教师上课所用的教材中都含有种族主义和定居者殖民主义内容。根据图森特（Toussaint）的讲述，他在一家考试评分公司工作时，被告知对那些从欧洲中心论角度回答关于"昭昭天命"（Manifest Destiny）和美洲殖民化问题的学生要酌情高分。其他研究发现，为上英语学习课的有色人种移民学生安排的应试课程在内容上尤其高度受限，他们更容易被分到以应试为目的的班上学习，拉丁裔和黑人学生所受的教育尤其以应试为主。

通过高利害考试强制实施的白人至上主义课程直接对有色人种学生产生了负面影响。研究告诉我们，当学生能够将自己、自己的身份、生活和经历与学习相联系时，学习效果才能最好。事实证明，这对于非白人学生尤其如此，尤其是那些历来没有得到我们的学校系统充分眷顾的学生。与学生的文化和身份有关联的课程可以促进学生更好地掌握概念，学习效果才能更佳，并能在学业方面持续进步。通过在课程和课堂环境中将非白人性去合法化以合法化白人性，高利害考试明确包纳了学校中某些学生的身份，并排除了另一些学生的身份。换句话说，由于高利害考试迫使学校采用非多元文化的标准化课程，强制执行白人规范，这最终压制了有色人种学生的文化和声音，特别是这些声音、文化和经历在考试中得不到体现的情况下。因此，由于高利害考试强调白人性规范的标准化，因此需要从课程中除去非白人性。事实上，由于多样性与标准化过程背道而驰，而且它挑战了基于白人性而定义的规范，所以对在高利害考试系统中的生存和成功形成了威胁。

高利害标准化考试中的白人至上主义也体现在教育政策的实施层面。研究发现，在非白人学生比例较大的州，高利害标准化考试的压力最大；在课堂和学校层面，有大量非白人学生的学校课程范围缩幅最大。例如，教育政策中心的数据显示，97%的高度贫困学区（非白人学生为主要学生群体）专门制定了旨在增加阅读课课时的政策。相比之下，在更富裕、白人更多的地区，这一比例仅为55%至59%。通过这种方式，高利害考试为非白人学生创造的教育环境限制更多，内容更为匮乏。此外，高利害标准化考试成绩越来越多地成为关停学校的决定因素之一，因此而产生的影响主要集中在有色人种工人阶级社区。例如，2013年芝加哥计划关停了54

所公立学校，而这些学校的学生中 88% 是非裔美国人，94%
来自低收入家庭。在纽约市，将要关停的 26 所公立学校中有
97% 的学生是非裔美国人和拉丁裔，82% 来自低收入家庭。
而在费城将要关停的 23 所学校中，有 96% 的学生是非裔美
国人和拉丁裔，93% 来自低收入家庭。关停学校扩大了用标
准化考试成绩做出高利害教育决策的影响，显然是在以牺牲
黑人和棕色人种工人阶级家庭的学生及其社区的利益为代价，
来支持白人至上主义。

　　高利害标准化考试也对教师带来了白人化的影响。研
究发现，很多教师在进入教学行业时满怀抱负，希望在实践
中向多元背景的学生教授多元文化和反种族主义的内容，并
强调社会正义，但为了应对考试带来的课程要求方面的压
力，他们不得不放弃了自己的抱负。由于多元文化、反种族
主义的观点和内容不纳入考试，最终的结果就是在高利害考
试环境中，多元文化和非白人的多视角观点和内容越来越多
地被排除在课堂之外，考试俨然成了维护白人至上主义的
工具。

高利害考试、种族与残障

　　了解高利害标准化考试如何支持白人至上主义的另一个
角度是观察高利害标准化考试和种族与残障概念的构建之间

的关系，特别是批判性种族理论（Critical Race Theory）[1] 和批判性残障研究（Critical Disability Studies）[2] 的交集部分，即简称为 DisCrit 的残障批判种族理论。DisCrit 一部分与批判性种族理论同源，即黑人和批判性种族女权主义者的历史著作，这些女权主义者在分析中经常研究种族、性别、阶级和性取向交集的部分。DisCrit 学者将这种研究扩展到交叉性研究，以了解特殊教育和残障的构建如何与种族和学生经历相互作用，这创造出了成果丰硕的研究方向。例如，对有色人种学生学习障碍过度认定的问题，或残障歧视和惩处制度如何共同作用，导致有色人种学生受到了不公平待遇。

　　DisCrit 还帮助我们进一步了解了美国的高利害考试如何通过根据体格健全的白人规范而构建的成功标准来维护白人

---

① 批评性种族理论是一个起源于美国的跨学科学术理论。该理论认为，现有的社会秩序及忽略族裔因素的法律大多都基于种族主义之上，且为白人至上主义服务，所有白人都通过压迫有色人种从此体系中获益；价值中立的法律及自由主义观念对现有的"于种族不公的社会秩序"起着巨大的支撑作用，从而让社会不断产生系统性的种族歧视。系统性的种族歧视已经渗透到社会生活的各个方面，对所有族裔一视同仁的法律并不能消除种族歧视，反而会持续造成于种族不公的结果。——译者注

② 残障研究的对象是所有社会政策和实践，目的是了解残障的社会决定因素，而非生理或心理因素，将残障与影响社会互动和社会政策的神话、意识形态和污名分离开来。这种研究挑战的是这样一种观点，即残障人士的经济和社会地位及被赋予的角色是其自身条件的必然结果。——译者注

至上主义。请记住，我们的考试源自比奈的 IQ 测试，开发
这个测试的目的是识别残障儿童。比奈这样做并没有什么特
别邪恶的意图，也并没有从优生学的角度出发。然而，这一
起源确实表明，标准化考试——其本质是通过标准化和抽象
化来对学生进行评估——总是给"正常"定义了一个可接受
的范围，并将"异常"划定在"可接受"的范围之外（何谓
"可接受"是由某权威人士定义的）。我在第四章中讨论的内
容与此直接相关，这就是考试作为一种监视工具标记偏离规
范情况的方式。考试的这一基本特点至关重要，它解释了为
什么早期的标准化考试对特曼和其他人而言如此有用，这些
考试不仅可以定义"智障"的非白人他者，而且还可以通过
优生学概念和与生俱来的、基于生物学的智力对其加以解释。
事实上，正如米切尔（Mitchell）和斯奈德（Snyder）所解释
的那样，这种从优生学角度将种族和残障合二为一的做法是
至少从 19 世纪以来欧美殖民统治策略的一部分，它一直将白
人定位为优越种族，而非白人的被殖民者不仅是劣等种族，
而且相比之下呆头呆脑，"残障无能"（例如，"原住民"极度
贫困，又无治理能力，是白人"拯救"了他们，或者是白人
"教化"了"野蛮人"）。米切尔和斯奈德还说：

　　因此，与种族主义一样，残障作为一种划分人群的固定
类别是在欧洲启蒙运动之后发展起来的，之前西方社会在指
定社会性他者时是基于宗教信仰偏执，现在开始转向基于天

生不足理论的边缘化实践。在基于宗教信仰的歧视性体系中，离经叛道者皈依宗教就能被社会接受；在基于天生不足理论的歧视性体系中，有无法克服的缺陷的人没有被接受的希望。

米切尔和斯奈德还展开了一个重要的讨论，那就是这些种族主义的歧视残障的优生学产物从根上来说是建立在"对未来世界的乌托邦式幻想之上的，这个未来世界不会被有缺陷的人——身有残障或/和低等种族的人——所玷污"。事实上，我们可以说这种乌托邦幻想也潜伏在优生学、标准化 IQ 测试和 20 世纪初期教育领域的社会效率运动（第三章有所讨论）之间的错综复杂关系之中。此外，这一观点也突出表明，以种族歧视的方式开展的标准化考试也在帮助维持定居殖民主义方面发挥了作用。同样，在基于高利害考试的现代问责制背景下，我们看到的同样模式依旧得到了延续。我们知道，有色人种工人阶级家庭学生考试不合格的比例一直过高；我们也知道，有色人种学生、移民学生和那些被归类为英语学习者的学生中被标记为有某种学习障碍的人比例过高；我们还知道，高利害标准化考试让这些学生群体受到了更多的隔离和补救式辅导。从这个意义上说，高利害考试将那些考试成绩低的人视作是不健康、有残障和需要隔离的人，而通过考试的人则身心健康，可以接受更为自由的教育。最终，从 DisCrit 的角度我们可以看到，考试以富裕白人的标准来定义成功，尤其是富裕且健全的白人的标准，这种标准会立刻将有色人种工人阶级家庭学生的失败与残障和异常的概念联系起来。高利害标准化考试对从学校到监狱的管道①有直接推动作用，对"他者"的标记也与此直接相关。

高利害考试、纪律约束，以及黑色和棕色人种的可替代性

白人至上主义在高利害标准化考试中的另一种表现方式是它对黑人和棕色人种儿童的纪律约束和待遇的直接影响。正如我在本书的前言中所讨论的那样，贫富学生之间以及种族群体之间一直存在着显著的成绩差距，而且以考试成绩为根据的失败案例主要集中在低收入的有色人种学生中。因此，正如德利索佛和麦克拉伦所说：

> 如果问责方案的主要工具——即常模参照标准化考试——在运用过程中……显示出种族偏见，如果这些方案被吹捧为重构学校和了解学校教育真相的手段，那么这个（标准化考试）运动实际上要上演的是一场有色人种学生大规模

---

① 学校到监狱的管道是学生被挤出学校和进入监狱的一个过程。换句话说，这是一个青年犯罪化的过程，由于学校内部实行零容忍的纪律政策和实践，即使学生犯下轻罪也会报警，许多学生一旦出于这样的原因与执法部门接触，就会被排除在教育环境之外，进入青少年和刑事司法系统。——译者注

失败的大戏。换句话说，这不仅仅是有色人种学生被逼在不平等环境中竞争的问题。教育领域不平等现象严重。事实上，在这个领域中，不论有色人种学生如何努力，都将被视为所谓的失败。

这个过程产生的一个结果——正如我在第四章中提到的——就是低收入有色人种家庭的学生（以及他们的老师和学校）因高利害考试被视作"失败"，让他们因此成为行政部门和州当局的监督和控制对象。通过考试确立的富裕白人的标准将低收入有色人种家庭的学生标记为"异常"，成为种族化了的失败案例，有关部门可以通过监控，对这些学生实施纪律约束。

被监控的现实最终让有色人种学生适应了被州当局纪律约束的常态，这在考试、辍学率和从学校到监狱的管道方面尤为重要。我们知道，就像所有其他高利害考试一样，高中毕业会考对非白人儿童和贫困儿童产生了不成比例的负面影响，黑人和拉丁裔学生在此类考试中的不合格率要高于白人同龄人，而且还更有可能在会考后辍学。国家经济研究所（National Bureau of Economic Research）的其他研究发现，基于标准的高中会考让学生未来被监禁的可能性增加了12.5%。我们在做研究时发现了一个严重的现实问题：高中毕业会考不合格的学生中非白人比例过高，而不合格的一个后果是他们最终更有可能进入刑事司法系统。因此我们可以看到高利害考试与黑人和棕色人种青年监禁率升高之间有直接联系。

事实上，考试、纪律约束和监禁之间的这种关联明确表明，如果我们致力于推动废奴主义教育①，让学生自由成长，就需要反对高利害考试。

高利害考试与从学校到监狱的管道之间的实质性关联直接表明，考试让黑人和棕色人种工人阶级家庭的青少年变得可以替代。可替代性这个概念源自法律和经济学，指的是一个事物和另一个事物之间可以互换和替代（暗示可以任由处置），表明经济系统需要通过抽象和同质化发展以建立交换市场。非洲悲观主义②者尤其会用这个概念来说明，北美对非洲人的奴役，以及在这种奴役基础之上建立的支持白人至上主义和反黑人的制度都需要黑人的可替代性。黑人除了像财产一样可以被买卖之外，还被当作数字，便于奴隶贩子计算如何在运送被奴役的非洲人时实现利润最大化。这里得出的推论是——正如我在第四章中所讨论的那样——高利害标准化考试的功能是对人体进行数字抽象，正因为有这种数字抽象，基于比较和市场竞争的问责体系才能得以运作。有人可能会认为，从广义上来说，考试让每个人都变得可替代，因为考

---

① 由贝蒂娜·勒夫（Bettina Love）博士创造的术语，指任何有助于根除学校教育机构中结构性种族主义的教育行动。——译者注

② 非洲悲观主义一词来源于黑人哲学家弗兰克·B.维尔德森三世（Frank B. Wilderson Ⅲ）同名著作，它描绘了一幅人类经验的结构图。在这张图上，黑人是人类社会的组成部分，但在任何时候、任何地方都被排除在外，处于"社会性死亡"状态。——译者注

试将所有人都变成了可比较的数据。然而，考虑到黑人和棕色人种工薪阶层家庭的学生不但习惯于被用来定义考试失败，而且他们受到的与考试相关的纪律惩戒系统的影响更大，这种惩戒也确实会导致这一群体的监禁率上升。我们也可以看到由高利害标准化考试创造的黑人和棕色人种学生的可替代性让他们沦为表现白人至上主义的即抛工具。黑人和棕色人种学生的这种可替代性也与基于市场的新自由主义市场改革利用种族和种族主义的方式直接相关，凸显了白人至上主义给考试披上的反种族主义工具的外衣。

新自由主义多元文化主义的世界黑白颠倒

正如前言所述，美国历来将高利害标准化考试定性为种族正义问题：从小布什到特朗普的历届总统都宣称推动种族平等的教育和／或缩小考试成绩种族差距是"我们这个时代民权运动的主题"（或类似的说法），其背后更大的议题是实施基于高利害考试的教育政策。同样，主流民权组织[①]很支持标

---

① 我对"主流"民权组织和更进步或极端的民权组织做了区别，因为很多主流民权组织通常与民主党同一战线，一直在推动新自由主义教育改革方面发挥作用。此外，值得注意的是，民权组织的全国性机构通常比地方级分支机构更为保守。例如，虽然全国性的美国有色人种协进会（NAACP）和拉丁裔美国公民团结联盟（LULAC）都支持高利害考试，但这些组织的一些地方分支却表示反对。

准化考试，因为他们认为考试是在教育中打击种族主义、力争实现种族正义的工具。[1] 在种族正义和平等的遗留问题的基础之上，我们的国家元首和其他国家领导人围绕反种族主义议程专门重新定义了执行联邦教育政策的国家机器，并试图将这些种族化关联构建成教育政策和实践中合情合理的常识。因此，高利害标准化考试的使用与反种族主义、政治激进主义的话语联系在了一起，推动种族平等的考试现在可以等同于游行、静坐和其他民权抗议形式。

然而，正如我在多处所论证的那样，普遍有证据显示高利害标准化考试根本就不会推动种族平等。恰恰相反，它们长期以来一直维持着制度化的种族主义和白人至上主义，并且被用作武器压制有色人种工人阶级群体。面对大量相左的证据，政客和主流民权组织仍大力支持高利害考试，这表明新自由主义多元文化主义颠倒了现实，种族主义被"官方反种族主义"所掩盖。正如梅拉米德（Melamed）所解释的那样：

种族改革、种族进步、种族融合、结束种族主义、引入被排斥的声音以及生活在后种族社会中等旗号已经成为种族

---

① 值得注意的是，全国有色人种协进会在 2018 年改变了立场，正式反对高风险测试。

项目①的试金石。这些项目重新定义了国家机器，扩大了规范性权力的影响范围，并在人类主观能动性的构建过程中植入规范。通过控制种族问题、反种族主义目标或关于种族差异的所谓老生常谈，官方的反种族主义政策在法律、公共政策、经济和文化领域构建了合理常识。

通过把高利害标准化考试和围绕种族平等的语言结合起来研究，我们可以看到国家利用这些考试（以及建立在考试之上的政策）不仅让我们对结构性不平等产生了种族化的理解，而且还控制了"什么才是种族问题"的标准，从而改变了教育政策中的种族话语。在这种新自由主义的重塑过程中，高利害标准化考试扮演了双重角色。一方面，基于新自由主义多元文化的假设（即考试的市场机制能够并将促进种族平等），考试和考试数据被构建为在教育市场上开展竞争的基础。另一方面，高利害标准化考试以新自由主义反种族主义的官方形式公平客观地评价（去种族化的）个体，并确立了所有种族的个体以此方式获得教育机会的权利，因为种族或种族主义在以考试表现为基础的唯贤主义"客观"制度中并

---

① 种族项目是种族在语言、思想、意象、流行话语和互动中的表现，这些表现为种族赋予了意义。这个概念是由美国社会学家迈克尔·奥米（Michael Omi）和霍华德·温特（Howard Winant）提出的，是其种族形成理论的一部分。——译者注

不存在。因此，一方面，结构性种族主义的存在及其在各个方面对教育的影响，以及考试工具本身存在的所有偏差被忽视。另一方面，在新自由主义资本主义的教育改革中，提高有色人种学生的成绩并缩小不同种族和经济群体之间的成绩差距就成了官方新自由主义反种族主义所表达的最重要的内容。尽管我在本章和其他部分提供了多项证据，但在新自由主义多元文化主义颠倒黑白的世界中，高利害考试不但不会损害有色人种学生的利益，还会对他们有所帮助；考试不仅不支持种族主义，反而是反种族主义的。这种白人至上主义的煤气灯效应[①]简直登峰造极了。

新自由主义多元文化主义还有助于我们了解高利害考试如何通过从有色人种工人阶级社区榨取资源来助长白人至上主义。正如我在第二章中详述的那样，私营公司、企业家、非营利组织和慈善组织不仅致力于通过政策改革将公共教育塑造成一个竞争激烈的市场，而且还努力创造条件，从公共教育中获利。因此，培生、麦格劳-希尔和霍顿米弗林出版公司（Houghton Mifflin Harcourt）等公司以及 ETS 和美国大学委员会等非营利组织已经获得了价值数亿甚至数十亿美元的考试行业合同。此外，正如我在本章中详述的那样，高利害标准化考试导致有色人种学生考试不合格率更高，随后针对应

---

① 煤气灯效应描述的是一种心理操控手段，受害者深受施害者操控，以至于怀疑自己的记忆、感知或理智。——译者注

试补救和教学的改革及干预措施也集中实施在这些学生身上。将暴利与改革对学生和有色人种社区的不同影响联系起来非常重要，因为这样可以表明利润不仅来自公共教育经费，而且还更直接地来自有色人种社区，因为这些社区的公共教育资金被转用于实施提高考试成绩的补救措施。这是新自由主义的一个标志性特征，"随着企业家不断寻找有利可图的新市场，福利国家社会再生产方面的所有部门——最关键的是医疗保健和教育——都正在迅速资本化"。哈维（Harvey）将这种把资本从公共项目和机构导向私营企业的新自由主义运动称为"剥夺式积累"。在这一过程中，富有的精英在财富从穷人和工人阶级向资产阶级大规模转移的过程中，积累了公众被剥夺的资产。同样，新自由主义的多元文化主义在此也可以作为信息框架，因为它可以做出以下解释：

> 新自由主义仍然是种族资本主义的一种形式。种族主义继续在资本主义的经济和社会进程中渗透，从种族化的机构中过度榨取剩余价值，让资本积累系统变得自然而然。而多元文化主义却将新自由主义政策描绘成构建充满自由和机会的后种族主义世界的关键。

梅拉米德提醒我们，这种剥夺式积累过程中存在种族政治。鉴于这些应试改革旨在为有色人种学生和社区"解决"教育问题，而有色人种社区获得的资助主要来源于富有的白人精英及其基金会与白人领导的教育公司和非营利组织的合作，这些公司本身就在这个过程中赚了很多钱，我们实际上正在见证对有色人种工人阶级社区的殖民掠夺，他们的公共资源正被富有的白人精英以种族正义之名而榨取干净。

以欧洲为中心的范式

尽管本章已经提出了许多过硬的证据，但我还要指出，白人至上主义存在于标准化考试的哲学核心之中，这个核心便是实证主义。实证主义是一种知识哲学，起源于欧洲启蒙运动。它的前提是事物通常独立存在，没有情境，因此我们对它们的理解应该具有普遍性，可以推而广之。因此，对于世界的运作方式，实证主义还有一种非常机械简单的因果观，认为研究者（寻求理解某事的人）的主观立场对所获得的知识没有影响。此外，史密斯（Smith）在《去殖民化方法论》（*Decolonizing Methodologies*）中借鉴霍尔（Hall）的研究提醒我们，实证主义的知识形式还意味着"西方"的国家和文化会坚定地推进划分人群的课题，创造简单化的非西方人表征，提供在民族间进行比较的标准化模型，并建立对世界各民族进行评估和排名的基础。

实证主义的欧洲启蒙运动背景在这里也很关键。例如，这意味着在实证主义的框架下，科学研究是纯粹客观和价值中立的，而实际上它们是由白人男性所定义的，他们把自己的观点和偏见作为适用每个人的客观真理，这不仅导致全世界女性和非白人的看法被贬低或忽视，还导致形成了白人和男性优于其他所有人的假设。同样，由于实证主义关注的是脱离了情境的个人和简单的因果关系，所以它也与资本主义的发展有关。资本主义与实证主义相似，都把产品视作事物，让我们忽视了人与人之间以及人与环境之间的种种关联。这样的结果是在工人中间提倡了个人主义，因为他们并不总是了解自己与其他工人之间的相互关联。这是资本主义生产中商品拜物教的基本表现（在第四章中有所讨论），凸显了资本主义错误的基础观念，即个人是脱离了关系情境的客观独立存在。结合这些分析，我们可以看到，实证主义理解和参与世界的方式建立了以资本主义白人父权制为基础的科学研究和求知形式，这些形式反过来被用于社会和经济项目，而这些项目的影响之一就是进一步推动了白人至上主义的议程。

在教育政策中使用高利害标准化考试的出发点显然是基于哲学实证主义，关于考试的所有主张都认为考试能够客观衡量教与学，结果精确，可以用于试图准确衡量教师投入的增值模型，而且考试与情境无关，能客观衡量学生的学习成果。这表达的都是实证主义知识哲学的观点，因为它们假定教与学之间存在的是简单的因果关系，同时否认在考试中存在任何会影响学生成绩的偏见或情境因素。同样，脱离情境的个人参加考试能产生可用于比较和排名的客观考试分数的理念也符合实证主义逻辑，竞争精英主义的意识形态也是如此，它同时还承诺可以通过考试获取资源。不管我们是坚持认为考试为人类的学习或智力提供了客观测量标准，还是即使不相信这一点，但仍继续维护建立在考试对排名具有一定有效性的假设基础上的教育问责制，我们都是在证实以欧洲为中心的实证主义科学范式的有效性。通过明确定义在种族和文化上处于劣势的非欧洲"他者"，这种科学在殖民化、帝国主义和维护全球白人至上主义方面发挥着核心作用。

抵抗之路

伯恩斯坦对课堂话语——在教与学的过程中使用的语言和类别——的研究让我受益匪浅，原因有很多。首先（可能也是最重要的一个原因），他的研究准确地解释了课堂和学校之外的社会关系如何通过教、学和课程的语言被复制（事实上是被转移）到我们的教育空间中。这对我来说很重要，因为尽管伯恩斯坦的著作在理论上信息量很大，但他的方法是最佳方法之一，可以帮助我们理解高利害标准化考试如何最终再生产了更广泛的社会和经济关系。正如我在本章所展示的那样，高利害考试以各种方式控制着课程、教师实践、对黑人和棕色人种工人阶级学生的监督和约束、健全白人的规范的建立、超级个人主义和资本主义竞争的维持，以及最终通过实证主义知识范式来看待世界的方式，所有这些都支持了伯恩斯坦的分析，只不过我更强调从种族的角度来看待这些问题。

在伯恩斯坦提供的大量信息中，还有另一点对本书至关重要。当谈到语言、知识和社会相互作用的方式（也就是知识社会学）时，我们会发现一个特殊现象：一旦某物被命名，一旦我们阐明了某物存在的界限，就同时创造了抵制这个事物的可能性，因为它变成了一种可知的事物，我们可以自己决定如何处之。我在本书中一直都明确指出高利害标准化考试的本质就是天生不平等，我将在下一章讨论对高利害考试的抵制，并提供一些可替代考试的评估形式。

参考文献

Achinstein, B., Ogawa, R. T., Sexton, D., & Freitas, C. (2010). Retaining teachers of color: A pressing problem and a potential strategy for "hard-to-staff" schools. *Review of Educational Research*, 80(1), 71–107.

The Advancement Project. (2010). *Test, punish, and push out: How "zero tolerance" and high-stakes testing funnel youth into the school-to-prison pipeline*. The Advancement Project.

Agarwal, R. (2011). Negotiating visions of teaching: Teaching social studies for social justice. *Social Studies Research and Practice*, 6(3), 52–64.

Agee, J. (2004). Negotiating a teaching identity: An African American teacher's struggle to teach in test-driven contexts. *Teachers College Record*, 106(4), 747–774.

Annamma, S. A., Connor, D. J., & Ferri, B. A. (2013). Dis/ability critical race studies (DisCrit): Theorizing at the intersections of race and dis/ability.

Race Ethnicity and Education, 16(1), 1–31. https://doi.org/10.1080/13613324. 2012.730511.

Annamma, S. A., Ferri, B. A., & Connor, D. J. (2018). Disability critical race theory: Exploring the intersectional lineage, emergence, and potential futures of DisCrit in education. *Review of Research in Education*, 42(1), 46–71. https://doi.org/10.3102/0091732X18759041.

Apple, M. W. (2004). *Ideology and curriculum* (3rd ed.). RoutledgeFalmer.

Au, W. (2008). Devising inequality: A Bernsteinian analysis of high–stakes testing and social reproduction in education. *British Journal of Sociology of Education*, 29(6), 639–651.

Au, W. (2009). High–stakes testing and discursive control: The triple bind for non–standard student identities. *Multicultural Perspectives*, 11(2), 65–71.

Au, W. (2011). Teaching under the new Taylorism: High–stakes testing and the standardization of the 21st century curriculum. *Journal of Curriculum Studies*, 43(1), 25–45. https://doi.org/10.1080/00220272.2010.521261.

Au, W. (2015, May 9). Just whose rights do these civil rights groups think they are protecting? *The Answer Sheet*. http://www.washingtonpost.com/blogs/answer–sheet/wp/2015/05/09/just–whose–rights–do–these–civil–rights–groups–think–they–areprotecting/.

Au, W. (2016). Meritocracy 2.0: High–stakes, standardized testing as a racial project of neoliberal multiculturalism. *Educational Policy*, 30(1), 39–62. https://doi. org/10.1177/0895904815614916.

Au, W. (2018a). *A Marxist education: Learning to change the world*. Haymarket Books.

Au, W. (2018b, April 14). The socialist case against the SAT. *Jacobin*. https://www.jacobinmag. com/2018/04/against–the–sat–testing–meritocracy–race–class.

Au, W. (2020a). High–stakes testing: A tool for white supremacy for 100 years. In E. Mayorga, U. Aggarwal, & B. Picower (Eds.), *What's race got to do with it?: How current school reform policy maintains racial and economic inequality* (2nd ed., pp. 13–36). Peter Lang.

Au, W. (2020b). Testing for whiteness? How high–stakes, standardized tests promote racism, undercut diversity, and undermine multicultural education. In H. P. Baptiste & J. H. Writer (Eds.), *Visioning multicultural education: Past, present, future* (pp. 99–113). Taylor Francis.

Au, W., Brown, A. L., & Calderon, D. (2016). *Reclaiming the multicultural roots of U.S. curriculum: Communities of color and official knowledge in education.* Teachers College Press.

Au, W., & Ferrare, J. J. (2015). Other people's policy: Wealthy elites and charter school reform in Washington State. In W. Au & J. J. Ferrare (Eds.), *Mapping corporate education reform: Power and policy networks in the neoliberal state* (pp. 147–164). Routledge.

Au, W., & Hollar, J. (2016). Opting out of the education reform industry. *Monthly Review*, 67(10), 29–37.

Bacon, J., Rood, C., & Ferri, B. (2016). Promoting access through segregation: The emergence of the "prioritized curriculum" class. *Teachers College Record*, 118(140304), 1–22.

Baker, O., & Lang, K. (2013). *The effect of high school exit exams on graduation, employment, wages and incarceration* (Working Paper). National Bureau of Economic Research. http://www.nber.org/papers/w19182.pdf.

Barkan, J. (2018, May 30). What and who are fueling the movement to privatize public education – and why you should care. *The Answer Sheet.* https://www.washingtonpost. com/news/answer–sheet/wp/2018/05/30/what–and–who–is–fueling–the–movementto–privatize–public–education–and–why–you–should–care/.

Barrow, L., & Rouse, C. E. (2006). The economic value of education by race and ethnicity. *Economic Perspectives*, 30(2), 14–27.

Beirich, H. (2019, February 20). The year in hate: Rage against change. *Intelligence Report, Spring*, 166. https://www.splcenter.org/fighting–hate/intelligence–report/2019/year–hate–rage–against–change.

Benton, T., & Craib, I. (2011). *Philosophy of social science: The philosophical foundations of social thought* (2nd ed.). Palgrave Macmillan.

Bernstein, B. B. (1990). *The structuring of pedagogic discourse* (Vol. IV, 1st ed.). Routledge.

Bernstein, B. B. (1996). *Pedagogy, symbolic control, and identity: Theory, research, critique*. Taylor & Francis.

Bigelow, B. (2012). Testing, tracking, and toeing the line. In W. Au & M. Bollow Tempel (Eds.), *Pencils down: Rethinking high-stakes testing and accountability in public schools* (pp. 197–209). Rethinking Schools, Ltd.

Bisseret, N. (1979). *Education, class language and ideology*. Routledge & Kegan Paul.

Blanton, C. K. (2003). From intellectual deficiency to cultural deficiency: Mexican Americans, testing, and public school policy in the American Southwest, 1920–1940. *Pacific Historical Review*, 72(1), 39–62.

Boeckenstedt, J. (2020, January 10). Some final thoughts on the SAT and ACT. *Jon Boeckenstedt's Admissions Weblog*. https://jonboeckenstedt. net/2020/01/10/some–final–thoughtson–the–sat–and–act/?fbclid=IwAR0ZBvh 7hPkbbniDlD8Arnigl–xhKu5–ubb3fx2 vlhvkefO42tPs9penL0c.

Bonilla, S., Dee, T. S., & Penner, E. K. (2021). Ethnic studies increases longer–run academic engagement and attainment. *PNAS*, 118(37), 1–10. https:// doi.org/10.1073/pnas. 2026386118.

Brosio, R. A. (1994). *A radical democratic critique of capitalist education* (1st ed.). Peter Lang.

Brown, A. (2020). Philanthrocapitalism: Race, class and the nonprofit industrial complex in a New York city school. In E. Mayorga, U. Aggarwal, & B. Picower (Eds.), *What's race got to do with it?: How current school reform policy maintains racial and economic inequality* (pp. 171–194). Peter Lang.

Brown, A. L., & Brown, K. D. (2010). Strange fruit indeed: Interrogating contemporary textbook representations of racial violence toward African Americans. *Teachers College Record*, 112(1), 31–67.

Brown, E. (2015, May 5). Why civil rights groups say parent who opt out of tests are hurting kids. *The Washington Post*. http://www.washingtonpost.com/ local/education/why–civil–rights–groups–say–parents–who–opt–out–of–tests– are–hurtingkids/2015/05/05/59884b9a–f32c–11e4–bcc4–e8141e5eb0c9_ story.html.

Cabrera, N. L., Milem, J. F., & Marx, R. W. (2012). *An empirical analysis of the effects of Mexican American studies participation on student achievement within Tucson unified school district.* Report to Special Master Dr. Willis D. Hawley on the Tucson Unified School District Desegregation Case. http://works.bepress.com/nolan_l_cabrera/17/.

Chapman, P. D. (1988). *Schools as sorters: Lewis M. Terman, applied psychology, and the intelligence testing movement,* 1890–1930. New York University Press.

Cochran, G., Hardy, J., & Harpending, H. (2006). Natural history of Ashkenazi intelligence. *Journal of Biosocial Science,* 38(5), 659–693. https://doi.org/10.1017/S0021932005027069.

Creighton, J. V. (2006, March 13). It doesn't test for success. *Los Angeles Times.* https://www.latimes.com/archives/la–xpm–2006–mar–13–oe–creighton13–story.html.

Darder, A., & Torres, R. D. (2004). *After race: Racism after multiculturalism.* New York University Press.

Darling–Hammond, L. (2007). Race, inequality and educational accountability: The irony of "no child left behind." *Race, Ethnicity, and Education,* 10(3), 245–260.

Dee, T. S., & Penner, E. K. (2017). The causal effects of cultural relevance: Evidence from an ethnic studies curriculum. *American Educational Research Journal,* 54(1), 127–166. https://doi.org/10.3102/0002831216677002.

De Lissovoy, N., & McLaren, P. (2003). Educational "accountability" and the violence of capital: A Marxian reading. *Journal of Educational Policy,* 18(2), 131–143.

Education for Liberation Network, & Critical Resistance Editorial Collective. (Eds.). (2021). *Lessons in liberation: An abolitionist toolkit for educators.* AK Press.

Ekoh, I. (2012). *High-stakes standardized testing in Nigeria and the erosion of a critical African worldview.* University of Toronto.

Evans, G. (2018, March 2). The unwelcome revival of "race science." *The Guardian.* https://www.theguardian.com/news/2018/mar/02/the–unwelcome–revival–of–race–science.

Fabricant, M., & Fine, M. (2013). *The changing politics of education: Privatization and the dispossessed lives left behind*. Paradigm Publishers.

FairTest. (2010, March 31). How testing feeds the school-to-prison pipeline. *Fair-Test: The National Center for Fair and Open Testing*. http://fairtest.org/howtesting-feeds-schooltoprison-pipeline.

Ferri, B. A., & Connor, D. J. (2005). In the shadow of Brown: Special education and the overrepresentation of students of color. *Remedial and Special Education*, 26(2), 93–100. https://doi.org/10.1177/07419325050260020401.

Figueroa, A. (2013). 8 things you should know about corporations like Pearson that make huge profits from standardized tests. *AlterNet*. http://www.alternet.org/education/corporations-profit-standardized-tests.

Foucault, M. (1995). *Discipline and punish: The birth of the prison* (A. Sheridan, Trans.). Vintage Books.

Fraser, N. (2017, January 2). The end of progressive neoliberalism. *Dissent*. https://www.dissentmagazine.org/online_articles/progressive-neoliberalism-reactionarypopulism-nancy-fraser.

Fraser, S. (1995). *The bell curve wars race, intelligence, and the future of America*. Basic Books.

Freire, P. (1974). *Pedagogy of the oppressed* (M. B. Ramos, Trans.). Seabury Press.

Freire, P. (1982). *Education for critical consciousness*. The Continuum Publishing Company.

Friedman, M. (2002). *Capitalism and freedom* (40th Anniversary). University of Chicago Press.

Galeano, E. (2001). *Upside down: A primer for the looking-glass world*. Picador.

Giordano, G. (2005). *How testing came to dominate American schools: The history of educational assessment*. Peter Lang.

Gould, S. J. (1996). *The mismeasure of man* (rev. & expanded ed.). Norton.

Grande, S. (2015). *Red pedagogy: Native American social and political thought* (10th Anniversary). Rowman & Littlefield.

Grant, S. G. (2001). An uncertain lever: Exploring the influence of state-level testing in New York state on teaching social studies. *Teachers College Record*, 103(3), 398–426.

Grant, S. G. (2003). *History lessons: Teaching, learning, and testing in U.S. high school classrooms*. Lawrence Erlbaum Associates.

Gunn, J., Al–Bataineh, A., & Al–Rub, M. A. (2016). Teachers perceptions of highstakes testing. *International Journal of Teaching and Education*, IV(2), 49–62. https://doi. org/10.20472/TE.2016.4.2.003.

Hall, S. (2018). The West and the rest: Discourse and power. In D. Morley (Ed.), *Essential essays, volume 2: Identity and diaspora* (pp. 141–184). Duke University Press.

Haney, W. (1984). Testing reasoning and reasoning about testing. *Review of Educational Research*, 54(4), 597–654.

Hanson, A. F. (2000). How tests create what they are intended to measure. In A. Filer (Ed.), *Assessment: Social practice and social product* (pp. 67–81). RoutledgeFalmer.

Harding, S. (1991). *Whose science? Whose knowledge?: Thinking from women's lives*. Cornell University Press.

Hartman, A. (2007). The social production of American identity: Standardized testing reform in the United States. *Socialism and Democracy*, 17(2), 131–164. https://doi. org/10.1080/08854300308428369.

Harvey, D. (2004). The "new" imperialism: Accumulation by dispossession. *Socialist Register*, 40, 63–87.

Herrnstein, R. J., & Murray, C. A. (1996). *The bell curve: Intelligence and class structure in American life* (1st Free Press pbk.). Simon & Schuster.

Hikida, M., & Taylor, L. A. (2020). "As the test collapses in": Teaching and learning amid high–stakes testing in two urban elementary classrooms. *Urban Education*, 1–29. https://doi.org/org/10.1177/0042085920902263.

Holme, J. J., Richards, M. P., Jimerson, J. B., & Cohen, R. W. (2010). Assessing the effects of high school exit examinations. *Review of Educational Research*, 80(4), 476–526. https://doi.org/10.3102/0034654310383147.

Horn, J. (2012, December 12). Paul Tough, KIPP, and the character con: A review of "How children succeed: Grit, curiosity, and the hidden power of character." *Substance News.* http://www.substancenews.net/articles. php?page=3831&section=Article.

Jackson, J. M., & Bassett, E. (2005). *The state of the K-12 state assessment market.* Eduventures.

Jennings, J. L., & Bearak, J. M. (2014). "Teaching to the test" in the NCLB era: How test predictability affects our understanding of student performance. *Educational Researcher*, 43(8), 381–389. https://doi. org/10.3102/0013189X14554449.

Journell, W. (2011). Social studies, citizenship education, and the search for an American identity: An argument against a unifying narrative. *Journal of Thought*, 46(3–4), 5–24.

Karier, C. J. (1972, Spring). Testing for order and control in the corporate liberal state. *Educational Theory*, 22, 159–180.

Kidder, W. C., & Rosner, J. (2002). How the SAT creates "built-in headwinds": An educational and legal analysis of disparate impact. *Santa Clara Law Review*, 43, 131–212.

Ladson-Billings, G. (2006). From the achievement gap to the education debt: Understanding achievement in U.S. schools. *Educational Researcher*, 35(7), 3–12.

Lane, A. (2016, August 24). The Trump campaign: A white revolt against "neoliberal multiculturalism." *Counterpunch.* https://www.counterpunch. org/2016/08/24/the-trump-campaign-a-white-revolt-against-neoliberal-multiculturalism/The Leadership Conference on Civil and Human Rights. (2015, May 5). *Civil rights groups: "We oppose anti-testing efforts": Participation in assessments critical for expanding educational opportunity for all students.* http://www.civilrights.org/press/2015/anti-testing-efforts.html.

Lee, J. (2006). *Tracking achievement gaps and assessing the impact of NCLB on the gaps: An in-depth look into national and state reading and math outcome trends* (p. 80). Harvard Civil Rights Project. http://civilrightsproject. harvard.edu.

Lemann, N. (1999). *The big test: The secret history of the American meritocracy.* Farrar, Straus, and Giroux.

Lipman, P. (2004). *High stakes education: Inequality, globalization, and urban school reform*. RoutledgeFalmer.

Lipman, P. (2020). School closings: Racial capitalism, state violence and resistance. In E. Mayorga, U. Aggarwal, & B. Picower (Eds.), *What's race got to do with it?: How current school reform policy maintains racial and economic inequality* (2nd ed., pp. 129–148). Peter Lang.

Love, B. (2019). *We want to do more than survive: Abolitionist teaching and the pursuit of educational freedom*. Beacon Press.

MacLean, N. (2021, September 27). *How Milton Friedman aided and abetted segregationists in his quest to privatize public education*. Institute for New Economic Thinking. https://www.ineteconomics.org/perspectives/blog/how-milton-friedman-aided-and-abetted-segregationists-in-his-quest-to-privatize-public-education.

Marx, K. (1967). *Capital: A critique of political economy* (Vol. 1, S. M. Aveling & E. Aveling, Trans.). International Publishers.

McNeil, L. M. (2000). *Contradictions of school reform: Educational costs of standardized testing*. Routledge.

McNeil, L. M. (2005). Faking equity: High-stakes testing and the education of Latino youth. In A. Valenzuela (Ed.), *Leaving children behind: How "Texas-style" accountability fails Latino youth* (pp. 57–112). State University of New York.

Melamed, J. (2011). *Represent and destroy: Rationalizing violence in the new racial capitalism*. University of Minnesota Press.

Mitchell, D., & Snyder, S. (2003). The eugenic Atlantic: Race, disability, and the making of an international eugenic science, 1800–1945. *Disability & Society*, 18(7), 843–864. https://doi.org/10.1080/0968759032000127281.

Moore, H. A. (2005). Testing whiteness: No child or no school left behind? *Washington University Journal of Law and Policy*, 18, 173–201.

National Opportunity to Learn Campaign. (2013). *The color of school closures*. http://www.otlcampaign.org/blog/2013/04/05/color-school-closures.

National Research Council. (2011). *Incentives and test-based accountability in education* (M. Hout & S. W. Elliott, Eds.). Board on Testing and Assessment, Division of Behavioral and Social Sciences and Education, Committee on Incentives and Test–Based Accountability in Public Education.

Nichols, S. L., & Berliner, D. C. (2007). *Collateral damage: How high-stakes testing corrupts America's schools.* Harvard Education Press.

Nichols, S. L., Glass, G. V., & Berliner, D. C. (2005). *High-stakes testing and student achievement: Problems for the no child left behind act* (EPSL–0509–105–EPRU, p. 336). Education Policy Research Unit, Education Policy Studies Laboratory, College of Education, Division of Educational Leadership and Policy Studies, Arizona State University. http://www.asu.edu/educ/epsl/ EPRU/documents/EPSL–0509–105–EPRU.pdf.

Ong, A. (2016). *Fungible life: Experiment in the Asian city of life.* Duke University Press.

Persson, J. (2015). *Pearson, ETS, Houghton Mifflin, and McGraw-Hill lobby big and profit bigger from school tests.* Center for Media and Democracy's PR Watch. https://www. sourcewatch.org/images/b/bc/Pearson_ ETS_Houghton_Mifflin_and_McGraw–Hill_Lobby_Big_and_Profit_Bigger.pdf.

Ravitch, D. (2013). *Reign of error: The hoax of the privatization movement and the danger to America's public schools.* Alfred A. Knopf.

Rawls, K. (2013). Who is profiting from charters?: The big bucks behind charter school secrecy, financial scandal and corruption. *AlterNet.* http://www. alternet.org/education/who–profiting–charters–big–bucks–behind–charter-school–secrecy–financial–scandaland? paging=off.

Reid, K. D., & Knight, M. G. (2006). Disability justifies exclusion of minority students: A critical history grounded in disability studies. *Educational Researcher*, 35(6), 18–23.

Renter, D. S., Scott, C., Kober, N., Chudowsky, N., Joftus, S., & Zabala, D. (2006). *From the capital to the classroom: Year 4 of the No Child Left Behind Act* (p. 214). Center on Education Policy. http://www.cep–dc.org.

Romero, A., Arce, S., & Cammarota, J. (2009). A Barrio pedagogy: Identity, intellectualism, activism, and academic achievement through the evolution of critically compassionate intellectualism. *Race Ethnicity and Education*, 12(2), 217–233.

Rosner, J. (2003). On white preferences. *The Nation*, 276(14), 24.

Rosner, J. (2012). The SAT: Quantifying the unfairness behind the bubbles. In J. A. Soares (Ed.), *SAT wars*. Teachers College Press.

Rushton, P. J., & Jensen, A. R. (2005). Thirty years of research on race differences in cognitive ability. *Psychology, Public Policy, and Law*, 11(2), 234–294.

Sabzalian, L., Shear, S. B., & Snyder, J. (2021). Standardizing Indigenous erasure: A tribalcrit and quantcrit analysis of K-12 U.S. civics and government standards. *Theory & Research in Social Education*, 49(3), 321–359. https://doi.org/10.1080/00933104.2021. 1922322.

Sacks, P. (1999). *Standardized minds: The high price of America's testing culture and what we can do to change it*. Perseus Books.

Santelices, M. V., & Wilson, M. (2010). Unfair treatment?: The case of Freedle, the SAT, and the standardization approach to differential item functioning. *Harvard Educational Review*, 80(1), 106–133.

Selden, S. (1999). *Inheriting shame: The story of eugenics and racism in America*. Teachers College Press.

Shear, S. B. (2015). Cultural genocide masked as education: U.S. history textbook's coverage of indigenous education policies. In P. T. Chandler (Ed.), *Doing race in social studies: Critical perspectives* (pp. 13–40). Information Age Publishing.

Shear, S. B., Knowles, R. T., Soden, G. J., & Castro, A. J. (2015). Manifesting destiny: Re/presentations of indigenous peoples in K-12 U.S. history standards. *Theory & Research in Social Education*, 43(1), 68–101. https://doi.org/10.1080/00933104.2014.999849.

Smith, L. T. (1999). *Decolonizing methodologies*. Zed Books.

Smith, M. L. (2004). *Political spectacle and the fate of American schools*. RoutledgeFalmer.

Tefera, A. A., & Fischman, G. (2020). How and why context matters in the study of racial disproportionality in special education: Toward a critical disability education policy approach. *Equity & Excellence in Education*, 53(4), 433–448. https://doi.org/10.1080/10665684.2020.1791284.

Terman, L. (1916). *The measure of intelligence*. Houghton Mifflin.

Thomas, P. L. (2014, December 4). Grit, education narratives veneer for white, wealth privilege. *The Becoming Radical*. https://radicalscholarship. wordpress.com/2014/12/04/grit-education-narratives-veneer-for-white-wealth-privilege/.

Thompson, G. L., & Allen, T. G. (2012). Four effects of the high-stakes testing movement on African American K-12 students. *Journal of Negro Education*, 81(3), 218–227.

Toussaint, R. (2000). Manifest destiny or cultural integrity? *Rethinking Schools*, 15(2). http://www.rethinkingschools.org/archive/15_02/Test152.shmtl.

Utt, J. (2018). A case for decentering whiteness in education: How Eurocentric social studies curriculum acts as a form of white/Western studies. *Ethnic Studies Review*, 41(1–2), 19–34. https://doi.org/10.1525/ esr.2018.411205.

Valenzuela, A. (1999). *Subtractive schooling: U.S. Mexican youth and the politics of caring*. SUNY Press.

Valenzuela, A. (Ed.). (2005). *Leaving children behind: How "Texas style" accountability fails Latino youth*. State University of New York Press.

Vasquez Heilig, J. (2018, July 17). Breaking news?:@NAACP now opposing high stakes testing! *Cloaking Inequity*. https://cloakinginequity.com/ 2018/07/17/%e2%80%aabreakingnews-naacp-now-opposing-high-stakes-testing/.

Viera, M. (2018, October 1). The history of the SAT is mired in racism and elitism. *Teen Vogue*. https://www.teenvogue.com/story/the-history-of-the-sat-ismired-in-racism-and-elitism.

Vinson, K. D., & Ross, E. W. (2003). Controlling images: The power of high-stakes testing. In K. J. Saltman & D. A. Gabbard (Eds.), *Education as enforcement: The militarization and corporatization of schools* (pp. 241–258). RoutledgeFalmer.

Von Zastrow, C. (2004). *Academic atrophy: The condition of the liberal arts in America's public schools* (p. 40). Council for Basic Education. http:// www.ecs.org/html/Document. asp?chouseid=5058.

Wade, N. (2014). *A troublesome inheritance: Genes, race and human history*. Penguin Books.

Winnubst, S. (2020). The many lives of fungibility: Anti–blackness in neoliberal times. *Journal of Gender Studies*, 29(1), 102–112. https://doi.org/10.1080/09589236.2019.1692193.

Zabala, D. (2007). *State high school exit exams: Gaps persist in high school exit exam pass rates-Policy brief 3* (p. 2). Center on Education Policy.

6

为了正义夺回评估

到目前为止，我解释了高利害标准化考试天生不平等的原因。在第一章中，我探讨了学校与社会之间的关系，强调教育在再生产不平等的同时，也为反抗创造了机会，所以它所扮演的角色有时会相互矛盾。此外，我还讨论了高利害考试的一些基本问题，以及考试在维持美国教育不平等方面的总体作用。在第二章中，我讲述了当前高利害考试的近代史，从报告《处于危险中的国家：教育改革势在必行》说起，一一介绍了 NCLB 法案、CCSS 标准，直到当前（截至撰写本书时）的 ESSA 法案。在此过程中，我强调了以下内容：标准化考试在使用过程中一贯要求严苛，惩罚性强；新自由主义经济学在公共教育政策制定中逐渐兴起；亿万富翁的慈善组织和商业利益在教育政策制定中发挥了不当影响；教育公司和非营利组织都从公共教育中获得了巨额利润；技术专家型新中产阶级的权力不断强大；以及基于考试的改革虽历经 20 多年，却根本无助于促进教育平等或显著提升考试升级。在第三章中，我追溯了美国标准化考试的起源，包括它与 IQ 测试及优生学运动的渊源。我在本章还强调了标准化考试作为一种评估和划分学生的技术发挥了关键作用，将公共教育变成了像工厂一样的资本主义生产活动，其中一部分原因是公共教育受到了社会效率和科学管理理念的影响，还有一部分原因是商人在全国各学区教育委员会中占据了主导地位。

接着在第四章中，我讨论了高利害考试的客观性和标准化这两个核心问题，以及考试的应用方式，随后我讨论了高利害标准化考试和增值模型存在的大量问题，包括：高错误率、缺乏客观性、考试分数不稳定、考试评分行业的劳动模型、随意设置的考试合格线或良好线、钟形曲线的设计问题。然后我也讨论了抽样和基于考试成绩做推论的问题，强调在现实中我们并不知道其中的因果关系，因此通过这些考试我们能做的只是寻找相关性。事实证明，在这种情况下，我们可以从考试成绩中推导出很多相关因素，其中一些（比如家庭贫困程度和父母受教育的程度）同样可以预测成绩，其准确程度就和学生参加考试的结果一样。与学生成绩相关的还有绿化面积、皮质醇水平、认知疲劳、心肺健康和教室温度等其他关联因素。在第四章的结尾，我讨论了高利害考试如何将学生商品化，并导致学生和教师受制于各种形式的控制和监督。在第五章中，我概述了高利害标准化考试表现和维持白人至上主义的多种方式。这包括 IQ 测试、优生学和种族主义之间的历史关联、这些关联的具体表现形式 SAT、考试对学生和有色人种社区的差别化影响、标准化考试与建立健全的白人的规范之间的相互影响、高利害考试对从学校到监狱的管道的直接作用、考试在新自由主义多元文化主义中的作用，以及这些考试的核心实证主义假设中固有的欧洲中心主义。在作为结论的第六章，我将把重点放在抵制高利害考试的运动上，并就更多以教育和社会正义为基础的不同评估形式提出建议。但是，在开始讨论之前，我想重新审视钟形曲线的概念，并通过它来说明除了（再）产生不平等之外，考试无一是处。

钟形曲线

在第四章中，我简要介绍了所谓的"钟形曲线"。用更正式的术语来说，这条数学 / 统计曲线也被称为"正态分布"曲线。它真的就是一条形状似钟的曲线，两端低，中间高。人们说这条曲线代表统计上的"正态分布"是出于这样的假设：不管科学研究中的样本有多大，大多数样本数值都将趋近于平均值（或"正态"），异常值分布在两端。或者更简单地来说，就是大多数事物按照定义都处在平均水平，只有少数例外。虽然钟形曲线在数学分析中可以是一个有用的工具（并且已经用于物理学和天文学等领域），但正如萨托里（Sartori）所指出的那样，没有特别的理由可以让人相信钟形曲线之类的东西能像运用在自然科学中那样运用于心理测试。萨托里进一步解释说，"如果测量仪器误差够大，就很可能会出现正态分布"，说明即使测量工具"有误"，它仍然可以产生钟形曲线。

正如我在第四章中所讨论的那样，只有当结果呈钟形曲线时，标准化考试才被认为是有效或"好"的，而且即使在为达标而建立的标准化考试（而不是用于在学生之间进行比较的考试）中，考试结果仍然会被"调整"，以匹配假定的正态分布曲线。在很大程度上，这正是让高利害标准化考试天生不平等的原因，其设计初衷就是要产生一定数量失败的结果。这意味着在标准化考试中，永远不会出现所有学生都得到"良好"或全部达标的情况，就算所有学生都考得很好也永远不会出现这种情况。[1]而政客、权威人士、主流民权组织、知名慈善机构、企业和亿万富翁都在提倡通过高利害标准化考试来实现种族平等，缩小教育"成就差距"，这对我来说是极大的讽刺。按照当前的模型，考试根本就不会让每个学生都成功，而且大多数人都没有意识到"缩小成绩差距"并不意味着就能实现教育公平。相反，由于我们假定分数分布呈钟形曲线，"缩小成就差距"也就仅仅意味着在黑人、棕色人种、白人、亚裔、原住民、富人、穷人、英语学习者、英语为母语的学生群体之间考试合格和不合格的比例相等。

此外需要强调，萨托里提到标准化考试即使有问题也仍可能产生钟形曲线，这一观点非常重要。在第五章中，我参

---

[1] 撇开统计建模不谈，即使每个人都通过了考试，我们通常都还是会觉得这次考试"很糟糕"，因为我们会认为这次考试要么太简单，要么就是大家都作弊了。

考了对 SAT 的研究，表明在挑选 SAT 最终试题时，由于与考试的总体预期结果不匹配，一些备选题目被视为"糟糕的"题目。在那项研究中，罗斯纳和他的同事发现，在这些"糟糕的"题目上，黑人和拉丁裔学生通常比白人学生得分率更高（因此与考试的总体预期结果相矛盾）。这项研究一直让我很感兴趣，因为它展示了一种特别的可能性。想象一下，如果我们只用黑人和拉丁裔学生得分率高于白人学生的样本题目来出 SAT 试卷结果会如何。从理论上讲，我们完全可以构建一个彻底颠覆种族化结果的 SAT 考试。根据萨托里的观点，即使 SAT 出题机构会说这样的测量"有误"，这样的试题仍然可能得出考试成绩正态分布的钟形曲线。也许这才是重点。我们不能再假装认为这些考试能真实衡量教学效果，不能再假装认为考试除了能在社会、政治、文化、经济和种族关系的背景下衡量获取资源的能力之外，还有什么其他用处。考试工具测量的是"有误"的东西，而且仍在产生不平等的钟形曲线。幸运的是，人们一直在抵制高利害标准化考试的不公现象。

早期对 IQ 测试的抵制

在美国刚开始实施大规模标准化考试之初，有色人种学者就已经很清楚特曼等心理学家所谓"客观"的 IQ 测试中嵌入了种族主义和不平等。对于那些参与了 IQ 测试和优生学运动的著名心理学家的研究结果，最早提出公开质疑的非裔美国教育家之一是俄克拉荷马州兰斯顿大学教育学院院长霍勒斯·曼·邦德（Horace Mann Bond）。邦德在NAACP的杂志《危机》（*Crisis*）上发表的论文《智力测验与宣传》（*Intelligence Tests and Propaganda*）中批判了IQ测试和优生学。他在文中将矛头直指特曼和布里格姆的种族主义IQ测试研究结果，明确指出这些结果被用作了宣传的"武器"，与种族主义人类学家用不同种族的大脑重量来确定智力差距的做法如出一辙。邦德接着反驳了布里格姆的一个论点，即北方各州的黑人在基因上比南方的黑人更聪明，因为根据布里格姆的解释，"更聪明"的人选择了向北迁移。而邦德认为：

> 这只有一个明确的解释。由于所处家庭状况、公民状态和学校条件（后者最为重要）更为优越，北方黑人的生长环境更好，而他们的成长环境有多好，他们在南方的黑人兄弟的成长环境就有多恶劣。

乔治·I.桑切斯（George I. Sanchez）也批判了IQ测试对墨西哥裔美国学生的种族偏见。虽然桑切斯本人并不反对测试，但他对测试的构建和政治用途都持有强烈的批评态度。例如，桑切斯指出当时在新墨西哥州对墨西哥裔美国儿童使用的IQ测试都因西班牙语翻译不佳而受到影响，而且他们还用学校没有教过的单词来考孩子们。他说：

对一个民族一概而论，这样得出的结论站不住脚，但这就是考试在实际应用中产生的结果。普遍来说，任何一个正常群体中只有7%的人属于迟钝、临界智力和智障，谁会去捍卫认为讲西班牙语的或任何其他……群体中有一半或更多的人都属于这一类别的论点呢？然而，持这种观点的人却总能在考试结果中找到支持他的证据。

和邦德一样，桑切斯提出除了语言问题，墨西哥裔美国学生在 IQ 测试中得分较低的原因还包括贫困、种族主义、糟糕的考试设计和资源不足的教育设施。杜波依斯在 1940 年回忆从前时写道：

直到我离开学校很久之后——实际上是在"一战"之后，心理测试的新技术才匆匆投入使用，后来经过迅速调整，让黑人看起来完全不可能受到文明的教化。那时候我对这样的结果完全不以为然。我已多次看到人们以科学之名支持种姓制度和种族仇恨。奥德姆、麦克杜格尔（McDougall）和布里格姆先是用绝对的科学证据去证明黑人的低劣，之后又 360度大转弯，拒绝接受任何声称能衡量人类先天智力的考试，因为这些考试的作用有限，结果存疑。这个过程就像看戏一样。

然而，尽管有色人种教育领袖在早期就反对 IQ 测试，尽

管杜威、美国教师联合会和其他人士反对将教育过程等同于
资本主义生产过程，标准化考试最终还是上升到了主导美国
现代教育政策的地位。

现代对高利害考试的抵制

现代对高利害标准化考试的抵制形式多种多样。例如，
我们知道，即使高利害考试对教育环境有极大影响，但只要
老师认为符合学生的最大利益，他们就仍会"离经叛道"，偏
离应试教育的课程和教学法。华盛顿州西雅图市的加菲尔德
高中就是老师带头抗拒考试的一个特别重要的例子，凸显了
联盟组织对抗高利害考试的力量。

2013 年 1 月，加菲尔德高中的老师举行了新闻发布会，
向全世界宣布他们将不会参与学区的强制性高利害标准化考
试——学业成长评估测验（MAP）。很快，随着加菲尔德高中
的家长教师学生协会（PTSA）正式支持抵制，老师们在当地
获得的支持也越来越多。校学生会领袖公开表示支持，该地
区其他学校也纷纷加入了抵制行动。教师工会、西雅图教育
协会（Seattle Education Association）的积极分子、全国有色人
种协进会西雅图分会也对行动给予了支持。全国各地也逐渐
开始支持加菲尔德高中抵制考试的行动。夏威夷的老师们予
以声援，佛罗里达州的老师们给加菲尔德高中的同行们送上
了比萨。伯克利、波特兰、芝加哥和其他地方的老师在当地

组织了声援活动，并寄去了支持信。两个全国教师工会都向加菲尔德高中的老师发了支持信。我个人通过与当地活动家合作参与声援，发布博客，帮助教育公众，为一些教师领袖提供建议，在新闻发布会上发言，并组织了100多位来自全美各大学的著名教育学者签名请愿书，来表达他们对加菲尔德高中MAP考试抵制行动的声援和支持。

临近考试，加菲尔德高中家长协会散发了一份传单，告知家长他们有权选择退出MAP考试。作为回应，数十名家长致信通知学校，表示将不让自己的孩子参加MAP考试。学生们还制作并散发了他们自己设计的传单，向同龄人宣传不必参加MAP考试。考试当天，许多学生拒绝离开座位，拒绝去图书馆参加考试，实际上是举行了一场即兴的静坐示威。其他学生虽然去了图书馆，但由于他们在极短时间内随便填写了答案，计算机自动将他们的试卷视作无效，从而破坏了MAP机考。教师、学生会组织、黑人学生联盟（Black Student Union）、家长、全国各地的学者、当地民权领袖和全市各个学校的老师的联合抵抗在加菲尔德高中的反MAP考试运动中获得了胜利。次年，西雅图学区正式将该考试设为自选考试。

始于加菲尔德高中的MAP考试抵制运动具有象征意义。加菲尔德历来在西雅图非裔美国人社区占有核心地位，几十年来一直是社区抵制不公和各项行动的中心，这一点可以追溯到黑豹党（Black Panther Party）①西雅图分会当年的行动。
此外，虽然加菲尔德高中/西雅图 MAP 考试抵制行动是单一
事件，但它是全国反对高利害标准化考试运动的分水岭。此
后数年里，新墨西哥州圣达菲和纽约长岛等地都组织了大规
模学生抗议活动，数个州都有大量学生退出了标准化考试，
包括纽约州（2015 年 20 万人）和华盛顿州（2015 年超过 6
万人）。2015 年，据估计有超过 67 万名学生拒绝参加标准化
考试。同年，由于大量民众表示反对，美国有 39 个州开始研
究如何减少考试。就连教育考试服务中心也非常担心，觉得
有必要就退出考试运动编写报告，以加强认识，并做出策略
调整。事实上，退出考试运动广受欢迎，就连联邦政府也向
活动人士做出了一定让步，明确肯定父母有权选择让孩子退
出 ESS 法案联邦教育政策中的高利害考试。然而根据该政策
的要求，所有学校仍需达到应试学生占总数 95% 的最低要求。
因此，联邦政府对退出考试运动的认可虽然具有重要的象征
意义，但在实践中最终只是流于表面。

关于退出考试运动已有大量研究，其中一些特别具有启发
性。一项特别重要的研究是皮兹莫尼-利维（Pizmony-Levy）和

---

① 美国黑人左翼激进政党。由大学生鲍比·西尔（Bobby Seale）和
休伊·P. 牛顿（Huey P. Newton）于 1966 年 10 月在加利福尼亚州
奥克兰创立。该党活跃于 1966 年至 1982 年，在许多美国主要城
市设有分会，包括旧金山、纽约、芝加哥、洛杉矶、西雅图和费
城。——译者注

撒莱斯基（Saraisky）对 2016 年和 2018 年的退出考试运动进行的全国性调查，分别有超过 1600 名和近 1300 名受访者。尽管他们的研究更聚焦美国东北部，但调查结果内容丰富，既证实了我们对退出考试运动的一般认识，也提供了一些可能会让很多人意想不到的信息。例如，他们的研究发现与媒体报道一致，退出考试运动的参与者主要是白人（约占 92%）、女性（约占 87%）、已婚人士（约占 85%），41% 至 49% 的参与者是教育工作者，约 88% 的受访者拥有学士或以上学位，并且绝大多数人是在调查前的三到四年内参与了退出考试运动。在政治上，52% 到 59% 的人认为自己属于"自由派"，26% 到 30% 的人认为自己属于"中间路线"。约 48% 的人说自己认同民主党思想，约 33% 的人说自己没有政党归属。

需要指出，接受调查的活动人士参与退出考试运动的原因并非像有的媒体所报道的那样是出于自己孩子的利益。大多数人选择参与退出考试运动是因为他们反对用考试来评估教师，对考试对教与学的影响不满，反对大公司在学校中日益增长的影响力，反对 CCSS 标准，反对公立学校私有化。2016 年和 2018 年这两次调查之间的一个关键区别是，在2016 年的调查中有 7.5% 的受访者表示他们是因考试对种族不公而选择参与，但在 2018 年的调查中，这一数字已跃升至 12.4 %。对调查数据的分析还发现，不同政治路线之间存在着很强的关联性，那些自认为是自由派的人出于反对私有化、企业影响、用考试评估教师和种族不公的原因而参与了退出考试运动，而那些自认为是保守派的参与者则是为了反对 CCSS 标准，还有另外一个原因就是在他们看来，联邦政府对学校的影响越来越大。

其他关于高利害考试退出运动的研究为理解该运动提供了不同视角。例如，施罗德（Schroeder）等人对"佛罗里达退出考试组织"（Opt-out Florida）的研究专注性别分析，指出该州的退出考试运动以女性为主（包括母亲和女教师），可以将其理解为女性对新自由主义固有的父权制暴力的反抗。在对退出考试运动组织纽约州公共教育盟友会（New York State Allies for Public Education）的研究中，研究人员强调该组织是在没有任何资助的真正的草根运动中建立起来的通过社交媒体影响纽约州的决策者。重要的是，威尔森（Wilson）等人在对 2016 年的一次全国退出考试大会的话语进行分析时发现，该运动中存在着一个他们所谓的"脆弱的政治联盟"，其特点是在公平意识方面，各方对于运动缺乏有色人种社区的参与持有不同看法，而且在与工会和民权团体合作方面也有分歧。里维拉-麦卡琴（Rivera-McCutchen）的研究证实，纽约市的退出考试运动在种族问题方面存在分歧，分歧包括当地的运动在多大程度上体现了白人特权，以及在理解学校和社会中的种族和种族主义问题方面是否缺乏批判性反思。这两项研究引起了我的共鸣，因为它们准确反映了我在家乡华盛顿州退出考试运动中的经历。我记得在州议会反对考试听证会上，我身旁坐着同样反对高利害考试的保守民粹主义者。

正如我在本书中解释过的那样，他们虽然反对高利害考试，但和许多威权民粹主义者一样，他们反对的原因是担心政府通过考试控制他们的孩子。

虽然所有这些关于退出考试运动的观点可能都有道理，但我认为有必要强调有色人种社区也一直在抵制高利害考试。布莱恩特（Bryant）有一篇文章的题目就特别贴切——《反标准化考试斗争的力量远比你想象的更多元》（*The fight against standardized testing is more diverse than you think*）。在《不仅是分数问题：反高风险考试的新起义》（*More Than A Score： The New Uprising Against High-Stakes Testing*）一书中有这样一个例子，根据纽约市家长兼公立学校教师李佳（音译）讲述的经历，她与所在社区共同领导了地盐世光学校（the Salt of the Earth School）的退出考试运动，公开向纽约市教育局局长表示抗议，抗议活动后来蔓延到布鲁克林新学校（Brooklyn New School）等其他学校。在莎拉·钱伯斯（Sarah Chambers）老师的例子中，她和芝加哥西南部绍塞多小学（Saucedo Academy）的同事成功抵制了伊利诺伊州 ISA 考试。纽约市城堡桥学校（Castle Bridge School）的家长达奥·特兰（Dao Tran）参与组织了她们学校的高利害考试退出和抵制运动，运动大获成功。在加利福尼亚州，高中毕业考试（CAHSEE）尤其对有色人种和移民学生具有种族主义影响，正义至上（Justice Matters）和青少年手牵手（Youth Together）这两个社区激进组织共同领导了一场运动，为里士满学区的学生制定了该考试的替代方案。这场运动虽然没能成功改变政策，但非常成功地将学生、家长和社区团体团结在了在一起，他们结成联盟，共同在加州考试中推动种族正义。

此外，正义之旅联盟（J4J）等有色人种主导的团体也被强有力地组织了起来，它们的斗争不仅针对高利害考试，还针对新自由主义企业教育改革等其他方面的大多数内容。J4J是一个"全国网络，是在美国 24 个城市中主要由黑人和棕色人种领导的基层社区代际组织"。该联盟发起了各种研讨会，组织了各种抗议活动，并派代表在全国各地参加会议。J4J 的教育平台呼吁应将教育公平作为解决当今公立学校种族不平等现象的核心问题。它们谴责成立特许学校、私有化、学校停办、种族主义约束性管理办法和市区学校不稳定的问题，认为这些是新自由主义企业式教育政策议程的核心问题。它们还解释说：

J4J 认为我们没有失败的学校。事实上，是忽视公共教育中严重不平等问题的教育体系辜负了我们，这样的体系在鼓吹民权言论的同时，通过政府接管、关停学校、成立营利特许学校和另类学校①等私有化计划侵犯黑人和棕色人种家庭的人权。

———————————

① 另类学校是不同于传统学校的教育组织，其教学方法和课程不同于传统的学校教育系统，接纳传统学校无法满足其要求的学生。——译者注

因此，J4J 的教育发展纲领有七点内容，呼吁"暂停学校私有化""联邦政府资助一万所可持续发展社区学校"、立即结束零容忍纪律约束政策、开展"全国公平性评价"、停止攻击黑人教师、结束"政府接管、指定学区教育委员会和市长控制①"的做法，并结束"公立学校对标准化考试的过度依赖"。2016 年，全国有色人种协进会西雅图金县分会对学生和家长退出西雅图公立学校考试的运动给予了支持。2018 年，经过多次内部斗争，全国有色人种协进会改变了立场，开始反对高利害考试。

和教育的其他方面一样，与高利害标准化考试的斗争最终是在经济、种族、性别和社会文化发展动态相互影响的复杂背景下联合不同力量开展的，那些关于退出考试运动的研究文献和事例尤其凸显了这一点。因此，我们不仅要解决高利害考试的白人至上主义问题（正如我在上一章中讨论的那样），还必须在反考试运动中直面白人至上主义，鉴于以上所讲的斗争的复杂性，这也就不足为奇了。但无论如何，我们需要采取更具创新性的评估形式，必须立足正义，并满足全社会的需求。

---

① 市长控制是基于商业模式的学校治理，在这种商业模式下，市长任命的董事会取代了选举产生的学区教育委员会，市长也可以直接任命教育系统的负责人。——译者注

从惩罚性评估到修复性和变革性评估

在上一章中，我具体讨论了高利害考试、对学生的纪律约束和学校到监狱管道之间的关系，特别强调了我们的考试系统与对黑人和棕色人种学生的监督和管束之间的关联，并说明考试是辍学率和监禁率升高的原因之一。从本质上讲，我们的教育政策以考试和惩罚系统为基础，如果考试分数下降或没有提高，学生、教师、学校和社区就都要受到惩戒。此类措施包括削减教育资金、关停学校、解雇全体教职工并重新聘用新员工、将公立学校转变为特许学校、扣发学生文凭、强制学生留级、解雇教师以及遭受媒体和政治家的斥责。这样做的目的是通过威逼手段来提升低收入和有色人种学生的学习成绩。

此外，对于旨在让学生、教师和学校对提高考试成绩"负责"的政策和实践，纪律约束理念是其核心，了解这一点至关重要。这种约束既针对人身，也针对情感。学生在考试期间受到约束，必须保持沉默，行动受限，通常必须一直保持坐姿，要么无法利用考试规定之外的资源，要么仅可利用指定资源（例如计算器）。考试要受到权威人士（监考人员）的监督，他们时刻观察学生是否有违规行为。学生除了要每次忍受数小时的压力和行动限制，还要约束情绪，以应对高利害考试带来的压力。高利害标准化考试也限制了知识范围，上课该教什么、该学什么都由考试来决定。正如我在第四章中讨论的那样，教师授课时选择什么样的教学法也由考试来决定。由于教师必须开展应试教学，授课内容的深度和广度也受到了限制。此外，考试也决定了教育资金的流向，这些资金都集中用在了与考试挂钩的教材、教辅和专业发展上。"问责制"也好，"对标"也好，达标也好，培养"坚毅品质"也好，不管怎么说，基于考试的教育体系会从方方面面对被其认为失败的人进行约束和惩罚。

从根本上来说，重在监督、约束、惩罚的高利害标准化考试代表的是一种"惩罚性正义"，其概念基础是美国刑事司法体系的基石——罪有应得，不法行为应受到相应惩罚。正如泽尔（Zehr）所解释的那样，惩罚性正义有三个核心问题：

- 违反了什么法规？
- 谁应该承担责任？
- 应该受到什么样的惩罚？

基于高利害考试的教育"问责制"显然是惩罚性正义的一种表达形式，考试失败就相当于犯罪，这种问责制不是要解决问题，反而会因考试失利惩罚学生、教师、学校和社区。当前的高利害标准化考试体系建立在报复的概念基础之上，所以不能用来"测试"我们是否享有种族和教育正义。考试和惩罚的范式不会以任何形式促进正义。事实上，从它们的影响来看，基于考试的高利害政策助长了不公正现象，并对贫困和有色人种学生造成了严重伤害。

不过，还有其他正义模型有待探索，例如修复性和变革性正义。这就引出了一个问题：如果高利害考试是惩罚性的，那么我们该如何构想基于修复性和变革性正义，而更具创见性的评估形式呢？修复性正义作为学校中常见的约束性、惩罚性正义的替代模型，已经越来越受欢迎。泽尔认为修复性正义关注的核心问题与惩罚性正义完全不同：

- 谁受到了伤害，他们的诉求是什么？
- 谁有义务满足这些诉求？
- 谁在这种情况下有"利害关系"？有什么样的流程能让所有利害关系人参与纠正问题，防患于未然？

在以种族正义为中心的讨论中，遵循这种模型的精神，修复性评估模式将首先认识到有色人种学生受到了学校制度化种族主义和白人至上主义的伤害，而且当前的评估形式还在持续造成伤害。此外，评估还需要明确指出谁有义务解决学生在学校所面临的制度化种族主义和白人至上主义问题。我们需要仔细考虑谁在决定评估形式方面有发言权和决定权，以及他们在纠正问题方面应发挥怎样的作用，承担什么样的责任。修复性评估也会认真对待疗愈孩子和社区的想法。想象一下我们的评估能否成为手段之一，疗愈白人至上主义和制度化种族主义造成的伤害，能否在形式和内容上兼顾文化差异，同时评估学生的身份发展、对自我和文化的认识，以及对内化压迫／殖民化的反应。我们可以从蓬勃发展的 K-12 种族研究运动、废奴主义教育运动或学校里的"黑人的命也是命"运动中汲取灵感，思考如何开展修复性评估。修复性评估也让从 A 到 F 和十进制评分系统的概念受到质疑，因为这些成绩等级和十进制分数与标准化考试一样，发挥的是监督和惩罚作用。

然而，修复性正义出于多种原因受到了批评，包括其对个别事件过于关注，以及对促成和形成不当行为的条件缺乏认识。针对这些批评，活动家们也一直在倡导变革性正义模型。变革性正义提出了一系列与惩罚性和修复性正义模型截然不同的问题：

- 什么样的社会环境产生了有害行为？
- 这个社会结构和类似结构之间还存在什么其他可能？
- 有什么措施可以防止有害行为继续发生？

如果在构想变革性评估时纳入这些问题，就需要学生掌握一系列技能和基础知识，这些都是我们希望学生学到的。例如，我们可能会评估学生是否了解哪些历史和社会经济环境导致了我们在学校看到的制度化种族主义和白人至上主义，或者学校在维持殖民统治方面所扮演的角色。鉴于教育政策和实践的重点一直是高利害考试，变革性评估还可以检查学

生如何理解考试本身对不平等的再生产和对白人至上主义的
维系，以及可以采取哪些措施来缓解结构性不平等从社会渗
透到学校和评估所带来的影响。变革性评估还可能考查学生
对创伤疗愈，以及对社区间相互关怀的方式的理解。然而，
如果我们要开展更彻底的人性化和公正的评估，就必须兼顾
内容和形式。虽然这些例子都直接与内容相关，但我们也可
以探索能以哪些形式来开展这种评估。

换一个方式进行评估

目前基于高利害标准化考试的评估系统在设计上就天生
不平等。这意味着我们可以有目的地做出不同的设计。我们
可以为学生和他们的社区设计基于正义的评估方式。现在确
实有一些评估学生的模型不以惩罚和纪律约束为手段，更侧
重于评估学生学习和发展的情况。在麦耶（Meier）和克诺斯
特（Knoester）的优秀著作《超越考试》（*Beyond Testing*）中，
他们提出了几种更人性化的评估形式，能够让学生、教师和
家庭共同参与，促进对学习的深刻反思，鼓励对自我负责，
对社区负责。以下是他们给出的一些例子：

学生自我评估：在学生自我评估中，学生反思自己的学
习情况，并可以阐明是否（以及如何）达到了他们自己或教
师的期望。学生自我评估可以采取多种形式，包括学生主导

的家庭会议，学生与教师及家人一起讨论学习进展；班级会议，让学生说明当天的学习目标以及计划如何达成目标；制定任务清单和评估指标，由学生评估学习过程及任务完成的质量和数量；撰写承诺书和书面自我反思，反思并记录学习过程和学习成果。

教师观摩与记录：另一种评估可以由教师抽时间以正式和非正式的方式相互观摩。可以是一位值得信赖的教师应另一位同事的要求观摩教学，观摩教师在课堂上扮演民族志学者的角色，提供具体反馈；可以由教师记录教学笔记，以帮助自己记住和评估特定学生的表现和／或某节课的效果；可以由教师撰写叙述性报告，记录学生进步情况，出于教学目的与同事和家长分享，以便更深入地了解学生情况。

匿名描述性评述过程：在描述性评述过程中，教师将一名学生的情况和教学经历连同佐证一起，作为案例研究供同事讨论，讨论通常会围绕一个焦点问题展开。案例中的学生在本校就读，真实存在，但为了保护隐私而更改了姓名。在评述过程中，教师会介绍这名学生的肢体动作、性情、与其他同学和成年人的关系、参与的活动和兴趣爱好，以及在校学习的方法等信息。然后，主持讨论的教师带领教师团队确定这个案例的讨论主题，发表评论并总结，以便与家长进行沟通。

连续记录和跟踪访谈：教师还可以通过连续记录和跟踪访谈的过程来评估学生的学习情况。在这种形式的评估中，教师观察并记录学生完成阅读或解决一道数学问题的过程，以及在过程中所做的决定。学生完成任务后，由教师进行后续访谈，询问学生对阅读材料的理解以及他们在此过程中可能做出的决定。笔记和访谈数据合并后可以与同事和家长共享。

学生作业展示册和答辩：我个人最喜欢的方式之一就是建立学生作业展示册和答辩。根据这种评估形式，学生会花大量时间（有时需要数周）构建他们的作业展示册，以此反映他们的学习成果，并表明他们能够满足事先确立的要求或期望。作业展示册不仅包括学生整理出来的作业，还包括学生对作业的元反思，说明他们认为作业符合期望的理由、方式，以及这些作业是否充分体现了他们的学习成果。然后学生还必须就作业展示册的内容进行答辩，听众包括教师、同学、父母和社区成员。纽约标准绩效联盟（New York Standards Performance Consortium）在这方面是最好和最成熟的例子之一，联盟学校可以免于参加纽约市的强制性标准化考试，学生提交展示册并通过答辩即可毕业。

显然，这类评估与高利害标准化考试有着巨大的根本差异。例如，标准化考试强调提高效率并最终得出一个简化的数字，但事实上这些考试有意效率低下，意图看似在深挖学习和学习成果体现的问题。这种效率低下也意味着由于各个考试要求都不相同，教师也需要更多的时间和空间。此外，虽然标准化考试是为了发现并解决学习中的问题，但许多替代评估方式本身就是一个学习的过程。举例来说，在筹备作业展示册时，学生在创作展示内容并对此进行说明和解释的过程中就在不断学习。与高利害考试不同，这些评估也不会声称是客观的，而且无益于比较、排名或把学生当作市场竞争者来培养。相反，这些评估更加注重本地情境，在主观上与学生在具体科目和社区中学到的东西有关，旨在提高他们展示自己学习成果的意愿和兴趣。此外，这些评估不再需要试图表现得"客观"以便进行比较，摆脱了这样的限制，时间不再总是显得那么紧迫，让学生可以有更长的时间来完成任务，多打几次草稿，多做几次练习。从许多方面来说，正是这一点让这些替代性评估更能体现学生的学习情况，因为它们不太受学生日常生活中潜在不稳定因素（不论哪一天举行标准化考试都可能影响到成绩的随机因素）的影响，并让学生有机会在评估过程中随着时间的推移进行反思和改进。此外，这类评估通常会促进学生对学习的反思和元思考——这与死记硬背或按高利害标准化考试要求快速完成试题的效果截然不同。

为公平正义而夺回评估阵地

在高利害标准化考试制度下，评估成了企业教育改革者谋取利润和私有化的工具，而修复性和变革性评估的潜能巨大，教育工作者和学生需要夺回并重新定义"评估"这个概念。毕竟，作为教育工作者，我们关心学生的学习情况，通过评估手段来跟踪学习情况是教与学过程的一部分。关键在于我们以什么样的形式和过程来评估什么样的内容，以及评估是服务于谁，出于什么目的。在街头和家中，每天都在围绕现实中的各种问题开展斗争——警察杀戮黑人，原住民妇女失踪、被谋杀，种族主义现实天天上演，反移民仇外心理、民族主义和白人至上主义愈演愈烈，女性无权掌控自己身体，跨性别有色人种女性遭杀害，原住民丧失主权，环境受资本主义和化石燃料经济破坏，社会中产阶级化，工资低，医疗保健覆盖面窄，无家可归者泛滥，保障性住房供应不足……学生们在生活中要与这些问题作斗争，在街头进行抗议。我们的学生需要具备修复性正义的认识，来帮助他们理解这个时代的生活现状，需要掌握他们在这些斗争中可以用到的变革性策略和技能。

新冠疫情带来的巨大苦难，给了我们很多惨痛的教训。然而，关于标准化考试的教训令人充满希望。2020年3月，因疫情蔓延，学校停课，美国社会经济生活受到严重干扰，联邦政府取消了考试。就这么简单，一声令下，各州无须再开展联邦政府规定的考试。然后呢？没有然后。教育事业并没有因此遭到毁灭。虽然一切都显然因疫情而变得不同，但无论多困难，学校、教师、学生和家庭一直都在通过远程方式保持着教育的连续性。高中生顺利毕业了，高等院校也依然招到了新生。在根本无须考虑高利害标准化考试的那段时间里，我们体会到了教育的别样之处。我们得到的经验教训就是教育的延续而不需要高利害考试。事实上，疫情告诉我们，除了考试之外，在孩子们的教育过程中，还有许多更重要的事情需要我们关注。如果我们下定决心结束高利害考试，就可以让它寿终正寝，并以修复性、变革性和解放人性、公平公正的评估形式取而代之。

参考文献

Acosta, C., & Mir, A. (2012, Summer). Empowering young people to be critical thinkers: The Mexican American studies program in Tucson. *Voices in Urban Education*, 34, 15–26.

The Advancement Project. (2010). *Test, punish, and push out: How "zero tolerance" and high-stakes testing funnel youth into the school-to-prison pipeline*. The Advancement Project.

Amrein-Beardsley, A. (2014). *Rethinking value-added models in education: Critical perspectives on tests and assessment-based accountability*. Routledge.

Annamma, S. A. (2015). Disrupting the school-to-prison pipeline through disability critical theory. In *The race controversy in American education* (pp. 191–211). ABC-CLIO.

Apple, M. W. (2006). *Educating the "right" way: Markets, standards, god, and inequality* (2nd ed.). RoutledgeFalmer.

Au, W. (2013). Proud to be a Garfield bulldog. *Rethinking Schools Blog*. http://rethinkingschoolsblog. wordpress.com/2013/01/12/proud-to-be-a-garfield–bulldog/.

Au, W. (2017). Can we test for liberation?: Moving from retributive to restorative and transformative assessment in schools. *Critical Education*, 8(13), 1–13. https://doi. org/10.14288/ce.v8i13.186313.

Au, W. (2020). High–stakes testing: A tool for white supremacy for 100 years. In E. Mayorga, U. Aggarwal, & B. Picower (Eds.), *What's race got to do with it?: How current school reform policy maintains racial and economic inequality* (2nd ed., pp. 13–36). Peter Lang.

Au, W., Brown, A. L., & Calderon, D. (2016). *Reclaiming the multicultural roots of U.S. curriculum: Communities of color and official knowledge in education*. Teachers College Press.

Bennett, R. E. (2016). *Opt out: An examination of issues* (ETS RR–16–13). Educational Testing Service. http://files.eric.ed.gov/fulltext/EJ1124755.pdf

Black Lives Matter at School. (2019). About. *Black Lives Matter at School*. https://blacklivesmatteratschool. com/about/.

Blanton, C. K. (2003). From intellectual deficiency to cultural deficiency: Mexican Americans, testing, and public school policy in the American Southwest, 1920–1940. *Pacific Historical Review*, 72(1), 39–62.

Bond, H. M. (1924). Intelligence tests and propaganda. *The Crisis*, 28(2), 61–63.

Bryant, J. (2016, March 4). The fight against standardized testing is more diverse than you think. *The Progressive Magazine*. https://progressive.org/public–schools–advocate/fight–standardized–testing–diverse–think/.

Callahan, R. E. (1964). *Education and the cult of efficiency: A study of the social forces that have shaped the administration of the public schools* (First Phoenix ed.). University of Chicago Press.

Chambers, S. (2014). Ice the ISAT: Boycotting the test under mayor Rahm Emanuel's regime. In J. Hagopian (Ed.), *More than a score: The new uprising against high-stakes testing* (pp. 113–122). Haymarket Books.

Chen, Z., Hursh, D., & Lingard, B. (2021). the opt–out movement in New York: A grassroots movement to eliminate high–stakes testing and promote whole child public schooling. *Teachers College Record*, 123(5), 1–22. https://

doi.org/10.1177/016146812112300504.

Dixon, A. (2012). *My people are rising: Memoir of a Black Panther party captain*. Haymarket Books.

DuBois, W. E. B. (2007). *Dusk of dawn: An essay toward an autobiography of a race concept*. Oxford University Press.

Dumas, M. J. (2016). Against the dark: Antiblackness in education policy and discourse. *Theory into Practice*, 55(1), 11–19. https://doi.org/10.1080/00405841.2016.1116852.

Education for Liberation Network, & Critical Resistance Editorial Collective. (Eds.). (2021). *Lessons in liberation: An abolitionist toolkit for educators*. AK Press.

Fabricant, M., & Fine, M. (2013). *The changing politics of education: Privatization and the dispossessed lives left behind*. Paradigm Publishers.

FairTest. (2010, March 31). How testing feeds the school–to–prison pipeline. *FairTest: The National Center for Fair and Open Testing*. http://fairtest.org/how–testing–feedsschooltoprison–pipeline.

FairTest. (2015, December 12). *More than 670,000 refused tests in 2015*. http://www.fairtest. org/more–500000–refused–tests–2015.

Foster, J. B. (2016). The opt out revolt: Democracy and education. *Monthly Review*, 67(10). http://monthlyreview.org/2016/03/01/the–opt–out–revolt/.

Gray–Garcia, T. (2012). Teaching is not testing: A community–led struggle to find an alternative to California's graduation exam. In W. Au & M. Bollow Tempel (Eds.), *Pencils down: Rethinking high-stakes testing and accountability in public schools* (pp. 183–188). Rethinking Schools, Ltd.

Green, R. (2016, April 4). *Seattle NAACP and allies confront Seattle public schools over highstakes testing requirements of students* [Press Release]. NAACP Seattle King County. https://www.seattlekingcountynaacp.org/press–releases–and–statements/archives/04–2016.

Hagopian, J. (Ed.). (2014a). *More than a score: The new uprising against high-stakes testing*. Haymarket Books.

Hagopian, J. (2014b). Our destination is not on the MAP. In *More than a score: The new uprising against high-stakes testing* (pp. 31–47). Haymarket

Books.

Hagopian, J. (2014c). Salt of the earth school: "They can't break us." Interview with Jia Lee. In J. Hagopian (Ed.), *More than a score: The new uprising against high-stakes testing* (pp. 107–112). Haymarket Books.

Hagopian, J. (2015, October 30). Obama regrets "taking the joy out of teaching and learning" with too much testing. *Common Dreams*. http://www.commondreams.org/views/2015/10/30/obama–regrets–taking–joy–out–teaching–and–learning–too–muchtesting.

Hagopian, J., & Network for Public Education. (2015, May 5). *Resistance to high stakes tests serves the cause of equity in education: A reply to "we oppose ant-testing efforts."* The Network for Public Education. http://www.networkforpubliceducation.org/2015/05/resistance–to–high–stakes–tests–serves–the–cause–of–equity–in–education/.

Hikida, M., & Taylor, L. A. (2020). "As the test collapses in": Teaching and learning amid high–stakes testing in two urban elementary classrooms. *Urban Education*, 1–29. https://doi.org/org/10.1177/0042085920902263.

Jones, D., & Hagopian, J. (Eds.). (2020). *Black lives matter at school: An uprising for educational justice*. Haymarket Books.

Journey for Justice Alliance. (2016). The journey for justice alliance education platform: An equitable and just school system now! *The Journey for Justice Alliance*. https://www. j4jalliance.com/wp–content/uploads/2016/09/J4J_Final_Education_Platform.pdf.

Kamanetz, A. (2021, February 23). States must test student learning this year, Biden administration says. *NPR*. https://www.npr.org/sections/coronavirus–live–updates/2021/02/23/970520559/states–must–test–student–learning–this–spring–biden–administration–says.

Karp, S. (2016). ESSA: NCLB repackaged. *Rethinking Schools*, *30*(3). http://www.rethinkingschools. org/archive/30_03/30–3_karp.shtml.

Kidder, W. C., & Rosner, J. (2002). How the SAT creates "built–in headwinds": An educational and legal analysis of disparate impact. *Santa Clara Law Review*, 43, 131–212.

Kohn, A. (2013). The case against grades. *Counterpoints*, 451, 143–153.

Love, B. (2019). *We want to do more than survive: Abolitionist teaching and the pursuit of educational freedom*. Beacon Press.

Mayorga, E., Aggarwal, U., & Picower, B. (Eds.). (2020). *What's race got to do with it: How current school reform policy maintains racial and economic inequality* (2nd ed.). Peter Lang.

Meier, D., & Knoester, M. (2017). *Beyond testing: Seven assessments of students and schools more effective than standardized tests*. Teachers College Press.

Nakagawa, S. (2003). Beyond punishment: Restorative vs. transformative justice. *Justice Matters*, 5(3), 13–14.

National Commission on Excellence in Education. (1983). *A nation at risk: The imperative for educational reform* (p. 65). United States Department of Education.

Patel, L. (2016). *Decolonizing educational research: From ownership to answerability*. Routledge.

Pizmony-Levy, O., & Saraisky, N. G. (2016). *Who opts out and why? Results from a national survey on opting out of standardized tests*. Teachers College, Columbia University. https://www.google.com/url?sa=t&rct=j&q=&esrc=s&source=web&cd=&cad=rja&uact=8&ved=2ahUKEwiZ0K6dwp30AhWGDjQIHdKhBwUQFnoECCEQAQ&url=https%3A%2F%2Fwww.tc.columbia.edu%2Fmedia%2Fnews%2Fdocs%2FOpt_Out_National-Survey-FINAL-FULL-REPORT.pdf&usg=AOvVaw1YySXYhIfgOv2LUV7sbY-k.

Pizmony-Levy, O., & Saraisky, N. G. (2021). Why did they protest? Stability and change in the opt-out movement, 2016–2018. *Teachers College Record*, 123(5), 1–30. https://doi.org/0.1177/016146812112300503.

Rethinking Schools. (2013, January 21). Leading educators support teacher test boycott. *Rethinking Schools Blog*. https://rethinkingschoolsblog.wordpress.com/2013/01/21/leading-educators-support-teacher-test-boycott/.

Rethinking Schools. (2014). The gathering resistance to standardized tests. *Rethinking Schools*, 28(3). http://www.rethinkingschools.org/archive/28_03/edit2283.shtml.

Rivera-McCutchen, R. L. (2021). White privilege and power in the

NYS opt-out movement. *Teachers College Record*, *123*(5), 1–18. https://doi. org/10.1177/016146812112300505.

Rosner, J. (2003). On white preferences. *The Nation*, 276(14), 24.

Rosner, J. (2012). The SAT: Quantifying the unfairness behind the bubbles. In J. A. Soares (Ed.), *SAT wars*. Teachers College Press.

Sanchez, G. I. (1940). *Forgotten people: A study of New Mexicans* (1996 Reprint). University of New Mexico Press.

Sanchez, J. G. (1934). Bilingualism and mental measures: A world of caution. *Journal of Applied Psychology*, 18(6), 765–772.

Sartori, R. (2006). The bell curve in psychological research and practice: Myth or reality? *Quality & Quantity*, 40, 407–418. https://doi.org/10.1007/s11135-005-6104-0.

Schroeder, S., Currin, E., & McCardle, T. (2018). Mother tongues: The opt out movement's vocal response to patriarchal, neoliberal reform. *Gender and Education*, 30(8), 1001–1018. https://doi.org/10.1080/09540253.2016.1270422.

Tan, X., & Michel, R. (2011). Why do standardized testing programs report scaled scores?: Why not just report the raw or precent-correct scores? *ETS R&D Connections*, 16. https://www.ets.org/Media/Research/pdf/RD_Connections16.pdf.

Tintiangco-Cubales, A., Kohli, R., Sacramento, J., Henning, N., Agarwal-Rangnath, R., & Sleeter, C. (2015). Toward an ethnic studies pedagogy: Implications for K-12 schools from the research. *The Urban Review*, 47(1), 104–125. https://doi.org/10.1007/s11256-014-0280-y.

Tran, D. X. (2014). Forget teaching to the test – Castle Bridge boycotts it! In J. Hagopian (Ed.), *More than a score: The new uprising against high-stakes testing* (pp. 211–218). Haymarket Books.

Tuck, E., & Gaztambide-Fernandez, R. A. (2013). Curriculum, replacement, and settler futurity. *Journal of Curriculum Theorizing*, 29(1), 72–89.

Tuck, E., & Yang, K. W. (2012). Decolonization is not a metaphor. *Decolonization: Indigeneity, Education, & Society*, 1(1), 1–40.

Ujifusa, A. (2015, July 8). Amid cries of overtesting, a crazy quilt of state responses. *Education Week*. https://www.edweek.org/policy–politics/amid–cries–of–overtestinga–crazy–quilt–of–state–responses/2015/07.

Vasquez Heilig, J. (2018, July 17). Breaking news?:@NAACP now opposing high stakes testing! *Cloaking Inequity*. https://cloakinginequity.com/2018/07/17/%e2%80%aabreakingnews–naacp–now–opposing–high–stakes–testing/.

Ware, J. G. (2017, March 23). Ethnic studies courses break down barriers and benefit everyone – so why the resistance? *Yes! Magazine*. http://www.yesmagazine.org/peacejustice/ethnic–studies–courses–break–down–barriers–and–benefit–everyone–so–whythe–resistance–20170323.

Watson, D., Hagopian, J., & Au, W. (Eds.). (2018). *Teaching for black lives*. Rethinking Schools, Ltd.

Weber, M. (2015, September 25). Common core testing: Who's the real "liar"? *Jersey Jazzman*. http://jerseyjazzman.blogspot.com/2015/09/common–core–testingwhos–real–liar.html.

Weber, M. (2016, April 27). The PARCC silly season. *Jersey Jazzman*. http://jerseyjazzman. blogspot.com/2016/04/the–parcc–silly–season.html.

Wilson, T. S., Contreras, A., & Hastings, M. (2021). Fragile political coalitions: Negotiating race and class in the opt–out movement. *Teachers College Record*, 123(5), 1–26. https://doi.org/10.1177/016146812112300502.

Zehr, H. (2011, March 10). Restorative or transformative justice? *Zehr Institute for Restorative Justice*. http://emu.edu/now/restorative–justice/2011/03/10/restorativeor–transformative–justice/.